PREFAZIONE

La raccolta di frasari da viaggio "Andrà tutto bene!" pubblicati da T&P Books è destinata a coloro che viaggiano all'estero per turismo e per motivi professionali. I frasari contengono ciò che conta di più - gli elementi essenziali per la comunicazione di base. Questa è un'indispensabile serie di frasi utili per "sopravvivere" durante i soggiorni all'estero.

Questo frasario potrà esservi di aiuto nella maggior parte dei casi in cui dovrete chiedere informazioni, ottenere indicazioni stradali, domandare quanto costa qualcosa, ecc. Risulterà molto utile per risolvere situazioni dove la comunicazione è difficile e i gesti non possono aiutarci.

Questo libro contiene molte frasi che sono state raggruppate a seconda degli argomenti più importanti. Questa edizione include anche un piccolo vocabolario che contiene circa 3.000 termini più utilizzati abitualmente. Un'altra sezione del frasario contiene un dizionario gastronomico che vi sarà utile per ordinare pietanze al ristorante o per fare acquisti di genere alimentare.

Durante i vostri viaggi portate con voi il frasario "Andrà tutto bene!" e disporrete di un insostituibile compagno di viaggio che vi aiuterà nei momenti di difficoltà e vi insegnerà a non avere paura di parlare in un'altra lingua straniera.

INDICE

T&P Books Publishing

La raccolta di frasari da viaggio
"Andrà tutto bene!"

T&P Books Publishing

FRASARIO
– COREANO –

Andrey Taranov

I TERMINI E LE ESPRESSIONI PIÙ UTILI

Questo frasario contiene espressioni e domande di uso comune che risulteranno utili per intraprendere conversazioni di base con gli stranieri

T&P BOOKS

Frasario + dizionario da 3000 vocaboli

Frasario Italiano-Coreano e vocabolario tematico da 3000 vocaboli

Di Andrey Taranov

La raccolta di frasari da viaggio "Andrà tutto bene!" pubblicati da T&P Books è destinata a coloro che viaggiano all'estero per turismo e per motivi professionali. I frasari contengono ciò che conta di più - gli elementi essenziali per la comunicazione di base. Questa è un'indispensabile serie di frasi utili per "sopravvivere" durante i soggiorni all'estero.

Questo libro inoltre include un piccolo vocabolario tematico che comprende circa 3.000 termini più utilizzati abitualmente. Un'altra sezione del frasario contiene un dizionario gastronomico che vi sarà utile per ordinare pietanze al ristorante o per fare acquisti di genere alimentare.

T&P Books Publishing
www.tpbooks.com

ISBN: 978-1-78616-854-2

Questo libro è disponibile anche in formato e-book.
Visitate il sito www.tpbooks.com o le principali librerie online.

PRONUNCIA

Lettera	Esempio coreano	Alfabeto fonetico T&P	Esempio italiano

Consonanti

Lettera	Esempio coreano	Alfabeto fonetico T&P	Esempio italiano
ㄱ [1]	개	[k]	cometa
ㄱ [2]	아기	[g]	guerriero
ㄲ	껌	[k]	secco
ㄴ	눈	[n]	notte
ㄷ [3]	달	[t]	tattica
ㄷ [4]	사다리	[d]	doccia
ㄸ	딸	[t]	viottolo
ㄹ [5]	라디오	[r]	ritmo, raro
ㄹ [6]	십팔	[l]	saluto
ㅁ	문	[m]	mostra
ㅂ [7]	봄	[p]	pieno
ㅂ [8]	아버지	[b]	bianco
ㅃ	빵	[p]	troppo
ㅅ [9]	실	[s]	sapere
ㅅ [10]	옷	[t]	tattica
ㅆ	쌀	[ja:]	piazza
ㅇ [11]	강	[ŋg]	unghia
ㅈ [12]	집	[tɕ]	come [tch] ma più schiacciato
ㅈ [13]	아주	[dʑ]	giraffa
ㅉ	짬	[tɕ]	[tch] duro
ㅊ	차	[tɕh]	[tsch] aspirate
ㅌ	택시	[th]	[t] aspirate
ㅋ	칼	[kh]	[k] aspirate
ㅍ	포도	[ph]	[p] aspirate
ㅎ	한국	[h]	[h] aspirate

Lettera	Esempio coreano	Alfabeto fonetico T&P	Esempio italiano

Vocali e combinazioni di vocali

Lettera	Esempio coreano	Alfabeto fonetico	Esempio italiano
ㅏ	사	[a]	macchia
ㅑ	향	[ja]	piazza
ㅓ	머리	[ʌ]	fare
ㅕ	병	[jʌ]	piazza
ㅗ	폼	[o]	notte
ㅛ	표	[jɔ]	New York
ㅜ	물	[u]	prugno
ㅠ	슈퍼	[ju]	aiutare
ㅡ	음악	[ɪ]	tattica
ㅣ	길	[i], [iː]	vittoria
ㅐ	뱀	[ɛ], [ɛː]	bestia
ㅒ	애기	[je]	pietra
ㅔ	펜	[e]	meno, leggere
ㅖ	계산	[je]	pietra
ㅘ	왕	[wa]	arrivare
ㅙ	왜	[ʊə]	quest'anno
ㅚ	회의	[ø], [we]	oblò, web
ㅝ	권	[uɔ]	fuoco
ㅞ	웬	[ʊə]	quest'anno
ㅟ	쥐	[wi]	kiwi
ㅢ	거의	[ɯi]	combinazione [ɪi]

Note di commento

[1] all'inizio di una parola
[2] tra due suoni vocalizzati
[3] all'inizio di una parola
[4] tra due suoni vocalizzati
[5] all'inizio di una sillaba
[6] alla fine di una sillaba
[7] all'inizio di una parola
[8] tra due suoni vocalizzati
[9] all'inizio di una sillaba
[10] alla fine di una sillaba
[11] alla fine di una sillaba
[12] all'inizio di una parola
[13] tra due suoni vocalizzati

LISTA DELLE ABBREVIAZIONI

Italiano. Abbreviazioni

agg	-	aggettivo
anim.	-	animato
avv	-	avverbio
cong	-	congiunzione
ecc.	-	eccetera
f	-	sostantivo femminile
f pl	-	femminile plurale
fem.	-	femminile
form.	-	formale
inanim.	-	inanimato
inform.	-	familiare
m	-	sostantivo maschile
m pl	-	maschile plurale
m, f	-	maschile, femminile
masc.	-	maschile
mil.	-	militare
pl	-	plurale
pron	-	pronome
qc	-	qualcosa
qn	-	qualcuno
sing.	-	singolare
v aus	-	verbo ausiliare
vi	-	verbo intransitivo
vi, vt	-	verbo intransitivo, transitivo
vr	-	verbo riflessivo
vt	-	verbo transitivo

FRASARIO COREANO

Questa sezione contiene frasi importanti che potranno rivelarsi utili in varie situazioni di vita quotidiana. Il frasario vi sarà di aiuto per chiedere indicazioni, chiarire il prezzo di qualcosa, comprare dei biglietti e ordinare pietanze in un ristorante

T&P Books Publishing

INDICE DEL FRASARIO

T&P Books Publishing

Mi scusi, ...	실례합니다, ... sil-lye-ham-ni-da, ...
Buongiorno.	안녕하세요. an-nyeong-ha-se-yo.
Grazie.	감사합니다. gam-sa-ham-ni-da.
Arrivederci.	안녕히 계세요. an-nyeong-hi gye-se-yo.
Sì.	네. ne.
No.	아니오. a-ni-o.
Non lo so.	모르겠어요. mo-reu-ge-seo-yo.
Dove? | Dove? (~ stai andando?) | Quando?	어디예요? | 어디까지 가세요? | 언제요? eo-di-ye-yo? | eo-di-kka-ji ga-se-yo? | eon-je-yo?

Ho bisogno di ...	... 필요해요. ... pi-ryo-hae-yo.
Voglio ...	... 싶어요. ... si-peo-yo.
Avete ...?	... 있으세요? ... i-seu-se-yo?
C'è un /una/ ... qui?	여기 ... 있어요? yeo-gi ... i-seo-yo?
Posso ...?	...해도 되나요? ... hae-do doe-na-yo?
per favore	..., 부탁합니다. ..., bu-tak-am-ni-da.

Sto cercando ...	... 찾고 있어요. ... chat-go i-seo-yo.
il bagno	화장실 hwa-jang-sil
un bancomat	현금인출기 hyeon-geum-in-chul-gi
una farmacia	약국 yak-guk
un ospedale	병원 byeong-won
la stazione di polizia	경찰서 gyeong-chal-seo

la metro	지하철 ji-ha-cheol
un taxi	택시 taek-si
la stazione (ferroviaria)	기차역 gi-cha-yeok

Mi chiamo ...	제 이름은 … 입니다. je i-reu-meun ... im-ni-da.
Come si chiama?	성함이 어떻게 되세요? seong-ham-i eo-tteo-ke doe-se-yo?
Mi può aiutare, per favore?	도와주세요. do-wa-ju-se-yo.
Ho un problema.	문제가 있어요. mun-je-ga i-seo-yo.
Mi sento male.	몸이 안 좋아요. mom-i an jo-a-yo.
Chiamate l'ambulanza!	구급차를 불러 주세요! gu-geup-cha-reul bul-leo ju-se-yo!
Posso fare una telefonata?	전화를 써도 되나요? jeon-hwa-reul sseo-do doe-na-yo?

Mi dispiace.	죄송합니다. joe-song-ham-ni-da.
Prego.	천만에요. cheon-man-e-yo.

io	저 jeo
tu	너 neo
lui	그 geu
lei	그녀 geu-nyeo
loro (m)	그들 geu-deul
loro (f)	그들 geu-deul
noi	우리 u-ri
voi	너희 neo-hui
Lei	당신 dang-sin

ENTRATA	입구 ip-gu
USCITA	출구 chul-gu
FUORI SERVIZIO	고장 go-jang

CHIUSO	닫힘
	da-chim
APERTO	열림
	yeol-lim
DONNE	여성용
	yeo-seong-yong
UOMINI	남성용
	nam-seong-yong

Domande

Dove?	어디예요? eo-di-ye-yo?
Dove? (~ stai andando?)	어디까지 가세요? eo-di-kka-ji ga-se-yo?
Da dove?	어디에서요? eo-di-e-seo-yo?
Perchè?	왜요? wae-yo?
Per quale motivo?	무슨 이유에서요? mu-seun i-yu-e-seo-yo?
Quando?	언제요? eon-je-yo?
Per quanto tempo?	얼마나요? eol-ma-na-yo?
A che ora?	몇 시에요? myeot si-e-yo?
Quanto?	얼마예요? eol-ma-ye-yo?
Avete ...?	··· 있으세요? ... i-seu-se-yo?
Dov'e ...?	··· 어디 있어요? ... eo-di i-seo-yo?
Che ore sono?	지금 몇 시에요? ji-geum myeot si-ye-yo?
Posso fare una telefonata?	전화를 써도 되나요? jeon-hwa-reul sseo-do doe-na-yo?
Chi è?	누구세요? nu-gu-se-yo?
Si può fumare qui?	담배를 피워도 되나요? dam-bae-reul pi-wo-do doe-na-yo?
Posso ...?	··· 되나요? ... doe-na-yo?

Necessità

Vorrei ...	··· 하고 싶어요. ... ha-go si-peo-yo.
Non voglio ...	··· 하기 싫어요. ... ha-gi si-reo-yo.
Ho sete.	목이 말라요. mo-gi mal-la-yo.
Ho sonno.	자고 싶어요. ja-go si-peo-yo.
Voglio ...	··· 싶어요. ... si-peo-yo.
lavarmi	씻고 ssit-go
lavare i denti	이를 닦고 i-reul dak-go
riposae un po'	쉬고 swi-go
cambiare i vestiti	옷을 갈아입고 os-eul ga-ra-ip-go
tornare in albergo	호텔로 돌아가고 ho-tel-lo do-ra-ga-go
comprare ...	··· 사고 ... sa-go
andare a ...	···에 가고 ...e ga-go
visitare ...	···에 방문하고 ...e bang-mun-ha-go
incontrare ...	··· 만나고 ... man-na-go
fare una telefonata	전화를 걸고 jeon-hwa-reul geol-go
Sono stanco.	저는 지쳤어요. jeo-neun ji-chyeo-seo-yo.
Siamo stanchi.	우리는 지쳤어요. u-ri-neun ji-chyeo-seo-yo.
Ho freddo.	추워요. chu-wo-yo.
Ho caldo.	더워요. deo-wo-yo.
Sto bene.	괜찮아요. gwaen-cha-na-yo.

Devo fare una telefonata.

전화를 걸어야 해요.
jeon-hwa-reul geo-reo-ya hae-yo.

Devo andare in bagno.

화장실에 가야 해요.
hwa-jang-si-re ga-ya hae-yo.

Devo andare.

가야 해요.
ga-ya hae-yo.

Devo andare adesso.

지금 가야 해요.
ji-geum ga-ya hae-yo.

Come chiedere indicazioni

Mi scusi, …	실례합니다, … sil-lye-ham-ni-da, …
Dove si trova …?	… 어디 있어요? … eo-di i-seo-yo?
Da che parte è …?	… 어느 쪽이에요? … eo-neu jjo-gi-ye-yo?
Mi può aiutare, per favore?	도와주실 수 있어요? do-wa-ju-sil su i-seo-yo?

Sto cercando …	… 찾고 있어요. … chat-go i-seo-yo.
Sto cercando l'uscita.	출구를 찾고 있어요. chul-gu-reul chat-go i-seo-yo.
Sto andando a …	…에 가고 있어요. … e ga-go i-seo-yo.
Sto andando nella direzione giusta per …?	…에 가는데 이 길이 맞아요? …e ga-neun-de i gi-ri ma-ja-yo?

E' lontano?	먼가요? meon-ga-yo?
Posso andarci a piedi?	걸어갈 수 있어요? geo-reo-gal su i-seo-yo?
Può mostrarmi sulla piantina?	지도에서 보여주실 수 있어요? ji-do-e-seo bo-yeo-ju-sil su i-seo-yo?
Può mostrarmi dove ci troviamo adesso.	지금 우리가 있는 곳을 보여주세요. ji-geum u-ri-ga in-neun gos-eul bo-yeo-ju-se-yo.

Qui	여기 yeo-gi
Là	거기 geo-gi
Da questa parte	이 길 i gil

Giri a destra.	오른쪽으로 가세요. o-reun-jjo-geu-ro ga-se-yo.
Giri a sinistra.	왼쪽으로 가세요. oen-jjo-geu-ro ga-se-yo.
La prima (la seconda, la terza) strada	첫 번째 (두 번째, 세 번째) 골목 cheot beon-jjae (du beon-jjae, se beon-jjae) gol-mok

a destra

오른쪽으로
o-reun-jjo-geu-ro

a sinistra

왼쪽으로
oen-jjo-geu-ro

Vada sempre dritto.

직진하세요.
jik-jin-ha-se-yo.

Segnaletica

BENVENUTO!   환영!
hwa-nyeong!

ENTRATA   입구
ip-gu

USCITA   출구
chul-gu

SPINGERE   미세요
mi-se-yo

TIRARE   당기세요
dang-gi-se-yo

APERTO   열림
yeol-lim

CHIUSO   닫힘
da-chim

DONNE   여성용
yeo-seong-yong

UOMINI   남성용
nam-seong-yong

BAGNO UOMINI   남성 (남)
nam-seong (nam)

BAGNO DONNE   여성 (여)
yeo-seong (yeo)

SALDI | SCONTI   할인
ha-rin

IN SALDO   세일
se-il

GRATIS   무료
mu-ryo

NOVITA!   신상품!
sin-sang-pum!

ATTENZIONE!   주의!
ju-ui!

COMPLETO   빈 방 없음
bin bang eop-seum

RISERVATO   예약석
ye-yak-seok

AMMINISTRAZIONE   사무실
sa-mu-sil

RISERVATO AL PERSONALE   직원 전용
ji-gwon jeo-nyong

ATTENTI AL CANE!   개조심!
gae-jo-sim!

VIETATO FUMARE   금연!
geu-myeon!

NON TOCCARE   만지지 마세요!
man-ji-ji ma-se-yo!

PERICOLOSO   위험
wi-heom

PERICOLO   위험
wi-heom

ALTA TENSIONE   고압 전류
go-ap jeol-lyu

DIVIETO DI BALNEAZIONE   수영금지!
su-yeong-geum-ji!

FUORI SERVIZIO   고장
go-jang

INFIAMMABILE   가연성
ga-yeon-seong

VIETATO   금지
geum-ji

VIETATO L'ACCESSO   무단횡단 금지
mu-dan-hoeng-dan geum-ji

PITTURA FRESCA   젖은 페인트
jeo-jeun pe-in-teu

CHIUSO PER RESTAURO   공사중
gong-sa-jung

LAVORI IN CORSO   전방 공사중
jeon-bang gong-sa-jung

DEVIAZIONE   우회 도로
u-hoe do-ro

Mezzi di trasporto - Frasi generiche

aereo	비행기 bi-haeng-gi
treno	기차 gi-cha
autobus	버스 beo-seu
traghetto	페리 pe-ri
taxi	택시 taek-si
macchina	자동차 ja-dong-cha

orario	시간표 si-gan-pyo
Dove posso vedere l'orario?	시간표는 어디서 볼 수 있어요? si-gan-pyo-neun eo-di-seo bol su i-seo-yo?
giorni feriali	평일 pyeong-il
giorni di festa (domenica)	주말 ju-mal
giorni festivi	휴일 hyu-il

PARTENZA	출발 chul-bal
ARRIVO	도착 do-chak
IN RITARDO	지연 ji-yeon
CANCELLATO	취소 chwi-so

il prossimo (treno, ecc.)	다음 da-eum
il primo	첫 번째 cheot beon-jjae
l'ultimo	마지막 ma-ji-mak

Quando è il prossimo …?	다음 … 언제인가요? da-eum … eon-je-in-ga-yo?
Quando è il primo …?	첫 … 언제인가요? cheot … eon-je-in-ga-yo?
Quando è l'ultimo …?	마지막 … 언제인가요? ma-ji-mak … eon-je-in-ga-yo?

scalo	환승 hwan-seung
effettuare uno scalo	환승하다 hwan-seung-ha-da
Devo cambiare?	환승해야 해요? hwan-seung-hae-ya hae-yo?

Acquistando un biglietto

Dove posso comprare i biglietti?	표는 어디서 사나요? pyo-neun eo-di-seo sa-na-yo?
biglietto	표 pyo
comprare un biglietto	표를 사다 pyo-reul sa-da
il prezzo del biglietto	표 가격 pyo ga-gyeok
Dove?	어디까지 가세요? eo-di-kka-ji ga-se-yo?
In quale stazione?	어느 역까지 가세요? eo-neu yeok-kka-ji ga-se-yo?
Avrei bisogno di ...	⋯ 필요해요. ... pi-ryo-hae-yo.
un biglietto	표 한 장 pyo han jang
due biglietti	표 두 장 pyo du jang
tre biglietti	표 세 장 pyo se jang
solo andata	편도 pyeon-do
andata e ritorno	왕복 wang-bok
prima classe	일등석 il-deung-seok
seconda classe	이등석 i-deung-seok
oggi	오늘 o-neul
domani	내일 nae-il
dopodomani	모레 mo-re
la mattina	아침에 a-chim-e
nel pomeriggio	오후에 o-hu-e
la sera	저녁에 jeo-nyeo-ge

posto lato corridoio

복도 좌석
bok-do jwa-seok

posto lato finestrino

창가 좌석
chang-ga jwa-seok

Quanto?

얼마예요?
eol-ma-ye-yo?

Posso pagare con la carta di credito?

신용카드 돼요?
si-nyong-ka-deu dwae-yo?

Autobus

autobus	버스 beo-seu
autobus interurbano	시외버스 si-oe-beo-seu
fermata dell'autobus	버스 정류장 beo-seu jeong-nyu-jang
Dov'è la fermata dell'autobus più vicina?	가까운 버스 정류장이 어디예요? ga-kka-un beo-seu jeong-nyu-jang-i eo-di-ye-yo?
numero	번호 beon-ho
Quale autobus devo prendere per andare a ...?	…에 가려면 어느 버스를 타야 해요? ... e ga-ryeo-myeon eo-neu beo-seu-reul ta-ya hae-yo?
Questo autobus va a ...?	이 버스 … 가요? i beo-seu ... ga-yo?
Qual'è la frequenza delle corse degli autobus?	버스는 얼마나 자주 와요? beo-seu-neun eol-ma-na ja-ju wa-yo?
ogni 15 minuti	십오 분 마다 si-bo bun ma-da
ogni mezzora	삼십 분 마다 sam-sip bun ma-da
ogni ora	한 시간 마다 han si-gan ma-da
più a volte al giorno	하루에 여러 번 ha-ru-e yeo-reo beon
... volte al giorno	하루에 …번 ha-ru-e ...beon
orario	시간표 si-gan-pyo
Dove posso vedere l'orario?	시간표는 어디서 볼 수 있어요? si-gan-pyo-neun eo-di-seo bol su i-seo-yo?
Quando passa il prossimo autobus?	다음 버스는 언제인가요? da-eum beo-seu-neun eon-je-in-ga-yo?

A che ora è il primo autobus?	첫 버스는 언제인가요? cheot beo-seu-neun eon-je-in-ga-yo?
A che ora è l'ultimo autobus?	마지막 버스는 언제인가요? ma-ji-mak beo-seu-neun eon-je-in-ga-yo?

fermata	정류장 jeong-nyu-jang
prossima fermata	다음 정류장 da-eum jeong-nyu-jang
ultima fermata	종점 jong-jeom
Può fermarsi qui, per favore.	여기에 세워 주세요. yeo-gi-e se-wo ju-se-yo.
Mi scusi, questa è la mia fermata.	실례합니다, 저 여기서 내려요. sil-lye-ham-ni-da, jeo yeo-gi-seo nae-ryeo-yo.

Treno

treno	기차 gi-cha
treno locale	교외 전차 gyo-oe jeon-cha
treno a lunga percorrenza	장거리 기차 jang-geo-ri gi-cha
stazione (~ ferroviaria)	기차역 gi-cha-yeok
Mi scusi, dov'è l'uscita per il binario?	실례합니다, 플랫폼으로 가는 출구가 어디인가요? sil-lye-ham-ni-da, peul-laet-po-meu-ro ga-neun chul-gu-ga eo-di-in-ga-yo?
Questo treno va a …?	이 기차 …에 가요? i gi-cha …e ga-yo?
il prossimo treno	다음 기차 da-eum gi-cha
Quando è il prossimo treno?	다음 기차는 언제인가요? da-eum gi-cha-neun eon-je-in-ga-yo?
Dove posso vedere l'orario?	시간표는 어디서 볼 수 있어요? si-gan-pyo-neun eo-di-seo bol su i-seo-yo?
Da quale binario?	어느 플랫폼에서 출발해요? eo-neu peul-laet-pom-e-seo chul-bal-hae-yo?
Quando il treno arriva a … ?	기차가 …에 언제 도착해요? gi-cha-ga …e eon-je do-chak-ae-yo?
Mi può aiutare, per favore.	도와주세요. do-wa-ju-se-yo.
Sto cercando il mio posto.	제 좌석을 찾고 있어요. je jwa-seo-geul chat-go i-seo-yo.
Stiamo cercando i nostri posti.	우리 좌석을 찾고 있어요. u-ri jwa-seo-geul chat-go i-seo-yo.
Il mio posto è occupato.	제 좌석에 다른 사람이 있어요. je jwa-seo-ge da-reun sa-ram-i i-seo-yo.
I nostri posti sono occupati.	우리 좌석에 다른 사람이 있어요. u-ri jwa-seo-ge da-reun sa-ram-i i-seo-yo.

Mi scusi, ma questo è il mio posto.

죄송하지만 여긴 제
좌석이에요.
joe-song-ha-ji-man nyeo-gin je
jwa-seo-gi-ye-yo.

E' occupato?

이 좌석 비었나요?
i jwa-seok bi-eon-na-yo?

Posso sedermi qui?

여기 앉아도 되나요?
yeo-gi an-ja-do doe-na-yo?

Sul treno - Dialogo (Senza il biglietto)

Biglietto per favore.
표 보여주세요.
pyo bo-yeo-ju-se-yo.

Non ho il biglietto.
표가 없어요.
pyo-ga eop-seo-yo.

Ho perso il biglietto.
표를 잃어버렸어요.
pyo-reul ri-reo-beo-ryeo-seo-yo.

Ho dimenticato il biglietto a casa.
표를 집에 두고 왔어요.
pyo-reul ji-be du-go wa-seo-yo.

Può acquistare il biglietto da me.
저한테 표를 사실 수 있어요.
jeo-han-te pyo-reul sa-sil su i-seo-yo.

Deve anche pagare una multa.
벌금도 내셔야 해요.
beol-geum-do nae-syeo-ya hae-yo.

Va bene.
알았어요.
a-ra-seo-yo.

Dove va?
어디까지 가세요?
eo-di-kka-ji ga-se-yo?

Vado a ...
···에 가고 있어요.
... e ga-go i-seo-yo.

Quanto? Non capisco.
얼마예요? 못 알아들었어요.
eol-ma-ye-yo? mot a-ra-deu-reo-seo-yo.

Può scriverlo per favore.
적어 주세요.
jeo-geo ju-se-yo.

D'accordo. Posso pagare con la carta di credito?
알았어요. 신용카드 돼요?
a-ra-seo-yo. si-nyong-ka-deu dwae-yo?

Si.
네, 돼요.
ne, dwae-yo.

Ecco la sua ricevuta.
영수증 여기 있어요.
yeong-su-jeung yeo-gi i-seo-yo.

Mi dispiace per la multa.
벌금을 내게 되어서
유감이예요.
beol-geu-meul lae-ge doe-eo-seo
yu-gam-i-ye-yo.

Va bene così. È stata colpa mia.
괜찮아요. 제 잘못이예요.
gwaen-cha-na-yo. je jal-mo-si-ye-yo.

Buon viaggio.
즐거운 여행 되세요.
jeul-geo-un nyeo-haeng doe-se-yo.

Taxi

taxi	택시 taek-si
tassista	택시 운전사 taek-si un-jeon-sa
prendere un taxi	택시를 잡다 taek-si-reul jap-da
posteggio taxi	택시 정류장 taek-si jeong-nyu-jang
Dove posso prendere un taxi?	어디서 택시를 탈 수 있어요? eo-di-seo taek-si-reul tal su i-seo-yo?
chiamare un taxi	택시를 부르다. taek-si-reul bu-reu-da.
Ho bisogno di un taxi.	택시가 필요해요. taek-si-ga pi-ryo-hae-yo.
Adesso.	지금 당장. ji-geum dang-jang.
Qual'è il suo indirizzo?	주소가 어디예요? ju-so-ga eo-di-ye-yo?
Il mio indirizzo è ...	제 주소는 …예요. je ju-so-neun ...ye-yo.
La sua destinazione?	목적지가 어디예요? mok-jeok-ji-ga eo-di-ye-yo?
Mi scusi, ...	실례합니다, … sil-lye-ham-ni-da, ...
E' libero?	타도 돼요? ta-do dwae-yo?
Quanto costa andare a ...?	…까지 얼마예요? ...kka-ji eol-ma-ye-yo?
Sapete dove si trova?	여기가 어딘지 아세요? yeo-gi-ga eo-din-ji a-se-yo?
All'aeroporto, per favore.	공항까지 가 주세요. gong-hang-kka-ji ga ju-se-yo.
Si fermi qui, per favore.	여기에 세워 주세요. yeo-gi-e se-wo ju-se-yo.
Non è qui.	여기가 아니예요. yeo-gi-ga a-ni-ye-yo.
È l'indirizzo sbagliato.	잘못된 주소예요. jal-mot-doen ju-so-ye-yo.
Giri a sinistra.	왼쪽으로 가세요. oen-jjo-geu-ro ga-se-yo.
Giri a destra.	오른쪽으로 가세요. o-reun-jjo-geu-ro ga-se-yo.

Quanto le devo?

얼마 내야 해요?
eol-ma nae-ya hae-yo?

Potrei avere una ricevuta, per favore.

영수증 주세요.
yeong-su-jeung ju-se-yo.

Tenga il resto.

잔돈은 가지세요.
jan-do-neun ga-ji-se-yo.

Può aspettarmi, per favore?

기다려 주시겠어요?
gi-da-ryeo ju-si-ge-seo-yo?

cinque minuti

오분
o-bun

dieci minuti

십분
sip-bun

quindici minuti

십오 분
si-bo bun

venti minuti

이십분
i-sip-bun

mezzora

삼십분
sam-sip bun

Hotel

Salve.	안녕하세요.
	an-nyeong-ha-se-yo.
Mi chiamo …	제 이름은 … 입니다.
	je i-reu-meun … im-ni-da.
Ho prenotato una camera.	예약했어요.
	ye-yak-ae-seo-yo.
Ho bisogno di …	… 필요해요.
	… pi-ryo-hae-yo.
una camera singola	싱글 룸 하나
	sing-geul lum ha-na
una camera doppia	더블 룸 하나
	deo-beul lum ha-na
Quanto costa questo?	저건 얼마예요?
	jeo-geon eol-ma-ye-yo?
È un po' caro.	그건 조금 비싸요.
	geu-geon jo-geum bi-ssa-yo.
Avete qualcos'altro?	다른 옵션 있어요?
	da-reun op-syeon i-seo-yo?
La prendo.	그걸로 할게요.
	geu-geol-lo hal-ge-yo.
Pago in contanti.	현금으로 낼게요.
	hyeon-geu-meu-ro nael-ge-yo.
Ho un problema.	문제가 있어요.
	mun-je-ga i-seo-yo
Il mio … è rotto.	제 … 망가졌어요.
	je … mang-ga-jyeo-seo-yo.
Il mio … è fuori servizio.	제 … 고장났어요.
	je … go-jang-na-seo-yo.
televisore	텔레비전
	tel-le-bi-jeon
condizionatore	에어컨
	e-eo-keon
rubinetto	수도꼭지
	su-do-kkok-ji
doccia	샤워기
	sya-wo-gi
lavandino	세면대
	se-myeon-dae
cassaforte	금고
	geum-go

serratura   도어락
do-eo-rak

presa elettrica   콘센트
kon-sen-teu

asciugacapelli   헤어 드라이어
he-eo deu-ra-i-eo

Non ho ...   ··· 안 나와요.
… an na-wa-yo.

l'acqua   물
mul

la luce   전등
jeon-deung

l'elettricità   전기
jeon-gi

Può darmi ...?   ··· 주실 수 있어요?
… ju-sil su i-seo-yo?

un asciugamano   수건
su-geon

una coperta   담요
da-myo

delle pantofole   슬리퍼
seul-li-peo

un accappatoio   가운
ga-un

dello shampoo   샴푸
syam-pu

del sapone   비누
bi-nu

Vorrei cambiare la camera.   방을 바꾸고 싶어요.
bang-eul ba-kku-go si-peo-yo.

Non trovo la chiave.   열쇠를 못 찾겠어요.
yeol-soe-reul mot chat-ge-seo-yo.

Potrebbe aprire la mia camera,   제 방 문을 열어주실
per favore?   수 있어요?
je bang mu-neul ryeo-reo-ju-sil
su i-seo-yo?

Chi è?   누구세요?
nu-gu-se-yo?

Avanti!   들어오세요!
deu-reo-o-se-yo!

Un attimo!   잠깐만요!
jam-kkan-ma-nyo!

Non adesso, per favore.   지금 당장은 안돼요.
ji-geum dang-jang-eun an-dwae-yo.

Può venire nella mia camera, per favore.   제 방으로 와 주세요.
je bang-eu-ro wa ju-se-yo.

Vorrei ordinare qualcosa da mangiare.   룸서비스를 받고 싶어요.
rum-seo-bi-seu-reul bat-go si-peo-yo.

Il mio numero di camera è ...	제 방 번호는 ···예요. je bang beon-ho-neun ...ye-yo.
Parto ...	저는 ···에 떠나요. jeo-neun ... e tteo-na-yo.
Partiamo ...	우리는 ···에 떠나요. u-ri-neun ...e tteo-na-yo.
adesso	지금 당장 ji-geum dang-jang
questo pomeriggio	오늘 오후 o-neul ro-hu
stasera	오늘밤 o-neul-bam
domani	내일 nae-il
domani mattina	내일 아침 nae-il ra-chim
domani sera	내일 저녁 nae-il jeo-nyeok
dopodomani	모레 mo-re

Vorrei pagare.	계산하고 싶어요. gye-san-ha-go si-peo-yo.
È stato tutto magnifico.	전부 다 아주 좋았어요. jeon-bu da a-ju jo-a-seo-yo.
Dove posso prendere un taxi?	어디서 택시를 탈 수 있어요? eo-di-seo taek-si-reul tal su i-seo-yo?
Potrebbe chiamarmi un taxi, per favore?	택시 불러주실 수 있어요? taek-si bul-leo-ju-sil su i-seo-yo?

Al Ristorante

Posso vedere il menù, per favore?
메뉴판 볼 수 있어요?
me-nyu-pan bol su i-seo-yo?

Un tavolo per una persona.
한 명이요.
han myeong-i-yo.

Siamo in due (tre, quattro).
두 (세, 네) 명이요.
du (se, ne) myeong-i-yo.

Fumatori
흡연
heu-byeon

Non fumatori
금연
geu-myeon

Mi scusi!
저기요!
jeo-gi-yo!

il menù
메뉴판
me-nyu-pan

la lista dei vini
와인 리스트
wa-in li-seu-teu

Posso avere il menù, per favore.
메뉴판 주세요.
me-nyu-pan ju-se-yo.

È pronto per ordinare?
주문하시겠어요?
ju-mun-ha-si-ge-seo-yo?

Cosa gradisce?
어떤 걸로 하시겠어요?
eo-tteon geol-lo ha-si-ge-seo-yo?

Prendo ...
저는 … 할게요.
jeo-neun ... hal-ge-yo.

Sono vegetariano.
저는 채식주의자예요.
jeo-neun chae-sik-ju-ui-ja-ye-yo.

carne
고기
go-gi

pesce
생선
saeng-seon

verdure
채소
chae-so

Avete dei piatti vegetariani?
채식 메뉴 있어요?
chae-sik me-nyu i-seo-yo?

Non mangio carne di maiale.
돼지고기 못 먹어요.
dwae-ji-go-gi mot meo-geo-yo.

Lui /lei/ non mangia la carne.
그는 /그녀는/ 고기 못
드세요.
geu-neun /geu-nyeo-neun/ go-gi mot
deu-se-yo.

Sono allergico a ...
저 …에 알러지 있어요.
jeo ...e al-leo-ji i-seo-yo.

Potrebbe portarmi ...

··· 가져다 주시겠어요?
... ga-jyeo-da ju-si-ge-seo-yo?

del sale | del pepe | dello zucchero

소금 | 후추 | 설탕
so-geum | hu-chu | seol-tang

un caffè | un tè | un dolce

커피 | 차 | 디저트
keo-pi | cha | di-jeo-teu

dell'acqua | frizzante | naturale

물 | 탄산수 | 생수
mul | tan-san-su | saeng-su

un cucchiaio | una forchetta | un coltello

숟가락 | 포크 | 나이프
sut-ga-rak | po-keu | na-i-peu

un piatto | un tovagliolo

앞접시 | 휴지
ap-jeop-si | hyu-ji

Buon appetito!

맛있게 드세요!
man-nit-ge deu-se-yo!

Un altro, per favore.

하나 더 주세요.
ha-na deo ju-se-yo.

È stato squisito.

아주 맛있었어요.
a-ju man-ni-seo-seo-yo.

---

il conto | il resto | la mancia

계산서 | 거스름돈 | 팁
gye-san-seo | geo-seu-reum-don | tip

Il conto, per favore.

계산서 주세요.
gye-san-seo ju-se-yo.

Posso pagare con la carta di credito?

신용카드 돼요?
si-nyong-ka-deu dwae-yo?

Mi scusi, c'è un errore.

죄송한데 여기
잘못됐어요.
joe-song-han-de yeo-gi
jal-mot-dwae-seo-yo.

Shopping

Posso aiutarla?
도와드릴까요?
do-wa-deu-ril-kka-yo?

Avete …?
··· 있으세요?
… i-seu-se-yo?

Sto cercando …
··· 찾고 있어요.
… chat-go i-seo-yo.

Ho bisogno di …
··· 필요해요.
… pi-ryo-hae-yo.

Sto guardando.
그냥 구경중이예요.
geu-nyang gu-gyeong-jung-i-ye-yo.

Stiamo guardando.
우리 그냥 구경중이예요.
u-ri geu-nyang gu-gyeong-jung-i-ye-yo.

Ripasserò più tardi.
나중에 다시 올게요.
na-jung-e da-si ol-ge-yo.

Ripasseremo più tardi.
우리 나중에 다시 올게요.
u-ri na-jung-e da-si ol-ge-yo.

sconti | saldi
할인 | 세일
ha-rin | se-il

Per favore, mi può far vedere …?
··· 보여주세요.
… bo-yeo-ju-se-yo.

Per favore, potrebbe darmi …
··· 주세요.
… ju-se-yo.

Posso provarlo?
입어봐도 돼요?
i-beo-bwa-do dwae-yo?

Mi scusi, dov'è il camerino?
실례합니다, 피팅 룸 어디 있어요?
sil-lye-ham-ni-da, pi-ting num eo-di i-seo-yo?

Che colore desidera?
다른 색도 있어요?
da-reun saek-do i-seo-yo?

taglia | lunghezza
사이즈 | 길이
sa-i-jeu | gi-ri

Come le sta?
이거 저한테 맞아요?
i-geo jeo-han-te ma-ja-yo?

Quanto costa questo?
얼마예요?
eol-ma-ye-yo?

È troppo caro.
너무 비싸요.
neo-mu bi-ssa-yo.

Lo prendo.
그걸로 할게요.
geu-geol-lo hal-ge-yo.

Mi scusi, dov'è la cassa?	실례합니다, 계산 어디서 해요? sil-lye-ham-ni-da, gye-san eo-di-seo hae-yo?
Paga in contanti o con carta di credito?	현금으로 하시겠어요 카드로 하시겠어요? hyeon-geu-meu-ro ha-si-ge-seo-yo ka-deu-ro ha-si-ge-seo-yo?
In contanti | con carta di credito	현금으로요 | 카드로요 hyeon-geu-meu-ro-yo | ka-deu-ro-yo

Vuole lo scontrino?	영수증 드릴까요? yeong-su-jeung deu-ril-kka-yo?
Si, grazie.	네, 주세요. ne, ju-se-yo.
No, va bene così.	아니오, 괜찮아요. a-ni-o, gwaen-cha-na-yo.
Grazie. Buona giornata!	감사합니다. 즐거운 하루 되세요! gam-sa-ham-ni-da. jeul-geo-un ha-ru doe-se-yo!

In città

Mi scusi, per favore ...	실례합니다, 저기요. sil-lye-ham-ni-da, jeo-gi-yo.
Sto cercando ...	··· 찾고 있어요. ... chat-go i-seo-yo.
la metropolitana	지하철 ji-ha-cheol
il mio albergo	제 호텔 je ho-tel
il cinema	영화관 yeong-hwa-gwan
il posteggio taxi	택시 정류장 taek-si jeong-nyu-jang

un bancomat	현금인출기 hyeon-geum-in-chul-gi
un ufficio dei cambi	환전소 hwan-jeon-so
un internet café	피씨방 pi-ssi-bang
via ...	···로 ...ro
questo posto	여기 yeo-gi

Sa dove si trova ...?	··· 어디인지 아세요? ... eo-di-in-ji a-se-yo?
Come si chiama questa via?	여기가 어디예요? yeo-gi-ga eo-di-ye-yo?
Può mostrarmi dove ci troviamo?	지금 우리가 있는 곳을 보여주세요. ji-geum u-ri-ga in-neun gos-eul bo-yeo-ju-se-yo.
Posso andarci a piedi?	걸어갈 수 있어요? geo-reo-gal su i-seo-yo?
Avete la piantina della città?	시내 지도 있어요? si-nae ji-do i-seo-yo?

Quanto costa un biglietto?	입장권 얼마예요? ip-jang-gwon eol-ma-ye-yo?
Si può fotografare?	사진 찍어도 돼요? sa-jin jji-geo-do dwae-yo?
E' aperto?	열었어요? yeo-reo-seo-yo?

Quando aprite?   언제 열어요?
eon-je yeo-reo-yo?

Quando chiudete?   언제 닫아요?
eon-je da-da-yo?

Soldi

Soldi	돈 don
contanti	현금 hyeon-geum
banconote	지폐 ji-pye
monete	동전 dong-jeon
conto | resto | mancia	계산서 | 거스름돈 | 팁 gye-san-seo | geo-seu-reum-don | tip
carta di credito	카드 ka-deu
portafoglio	지갑 ji-gap
comprare	사다 sa-da
pagare	내다 nae-da
multa	벌금 beol-geum
gratuito	무료 mu-ryo
Dove posso comprare …?	… 어디서 살 수 있어요? … eo-di-seo sal su i-seo-yo?
La banca è aperta adesso?	은행 지금 열었어요? eun-haeng ji-geum myeo-reo-seo-yo?
Quando apre?	언제 열어요? eon-je yeo-reo-yo?
Quando chiude?	언제 닫아요? eon-je da-da-yo?
Quanto costa?	얼마예요? eol-ma-ye-yo?
Quanto costa questo?	이건 얼마예요? i-geon eol-ma-ye-yo?
È troppo caro.	너무 비싸요. neo-mu bi-ssa-yo.
Scusi, dov'è la cassa?	실례합니다, 계산 어디서 해요? sil-lye-ham-ni-da, gye-san eo-di-seo hae-yo?

Il conto, per favore.	계산서 주세요. gye-san-seo ju-se-yo.
Posso pagare con la carta di credito?	신용카드 돼요? si-nyong-ka-deu dwae-yo?
C'è un bancomat?	여기 현금인출기 있어요? yeo-gi hyeon-geum-in-chul-gi i-seo-yo?
Sto cercando un bancomat.	현금 인출기를 찾고 있어요. hyeon-geum in-chul-gi-reul chat-go i-seo-yo.

Sto cercando un ufficio dei cambi.	환전소 찾고 있어요. hwan-jeon-so chat-go i-seo-yo.
Vorrei cambiare ...	··· 환전하고 싶어요. ... hwan-jeon-ha-go si-peo-yo.
Quanto è il tasso di cambio?	환율 얼마예요? hwa-nyul reol-ma-ye-yo?
Ha bisogno del mio passaporto?	여권 필요해요? yeo-gwon pi-ryo-hae-yo?

Le ore

Che ore sono?	지금 몇 시예요? ji-geum myeot si-ye-yo?
Quando?	언제요? eon-je-yo?
A che ora?	몇 시예요? myeot si-e-yo?
adesso | più tardi | dopo …	지금 | 나중에 | … 이후에 ji-geum | na-jung-e | … i-hu-e

l'una	한 시 han si
l'una e un quarto	한 시 십오 분 han si si-bo bun
l'una e trenta	한 시 삼십 분 han si sam-sip bun
l'una e quarantacinque	한 시 사십오 분 han si sa-si-bo bun

uno | due | tre	한 | 두 | 세 han | du | se
quattro | cinque | sei	네 | 다섯 | 여섯 ne | da-seot | yeo-seot
sette | otto | nove	일곱 | 여덟 | 아홉 il-gop | yeo-deol | a-hop
dieci | undici | dodici	열 | 열한 | 열두 yeol | yeol-han | yeol-du

fra …	… 안에 … an-e
cinque minuti	오분 o-bun
dieci minuti	십분 sip-bun
quindici minuti	십오분 si-bo bun
venti minuti	이십분 i-sip-bun
mezzora	삼십분 sam-sip bun
un'ora	한 시간 han si-gan

la mattina	아침에
	a-chim-e
la mattina presto	아침 일찍
	a-chim il-jjik
questa mattina	오늘 아침
	o-neul ra-chim
domani mattina	내일 아침
	nae-il ra-chim

all'ora di pranzo	한낮에
	han-na-je
nel pomeriggio	오후에
	o-hu-e
la sera	저녁에
	jeo-nyeo-ge
stasera	오늘밤
	o-neul-bam

la notte	밤에
	bam-e
ieri	어제
	eo-je
oggi	오늘
	o-neul
domani	내일
	nae-il
dopodomani	모레
	mo-re

Che giorno è oggi?	오늘이 무슨 요일이예요?
	o-neu-ri mu-seun nyo-i-ri-ye-yo?
Oggi è ...	··· 예요.
	... ye-yo.
lunedì	월요일
	wo-ryo-il
martedì	화요일
	hwa-yo-il
mercoledì	수요일
	su-yo-il

giovedì	목요일
	mo-gyo-il
venerdì	금요일
	geu-myo-il
sabato	토요일
	to-yo-il
domenica	일요일
	i-ryo-il

Saluti - Presentazione

Salve.
안녕하세요.
an-nyeong-ha-se-yo.

Lieto di conoscerla.
만나서 기쁩니다.
man-na-seo gi-ppeum-ni-da.

Il piacere è mio.
저도요.
jeo-do-yo.

Vi presento ...
… 소개합니다.
... so-gae-ham-ni-da.

Molto piacere.
만나서 반갑습니다.
man-na-seo ban-gap-seum-ni-da.

Come sta?
잘 지내셨어요?
jal ji-nae-syeo-seo-yo?

Mi chiamo ...
제 이름은 … 입니다.
je i-reu-meun ... im-ni-da.

Si chiama ... (m)
그의 이름은 … 예요.
geu-ui i-reu-meun ... ye-yo.

Si chiama ... (f)
그녀의 이름은 … 예요.
geu-nyeo-ui i-reu-meun ... ye-yo.

Come si chiama?
성함이 어떻게 되세요?
seong-ham-i eo-tteo-ke doe-se-yo?

Come si chiama lui?
그분 성함이 뭐예요?
geu-bun seong-ham-i mwo-ye-yo?

Come si chiama lei?
그분 성함이 뭐예요?
geu-bun seong-ham-i mwo-ye-yo?

Qual'è il suo cognome?
성이 어떻게 되세요?
seong-i eo-tteo-ke doe-se-yo?

Può chiamarmi ...
… 라고 불러 주세요.
... ra-go bul-leo ju-se-yo.

Da dove viene?
어디서 오셨어요?
eo-di-seo o-syeo-seo-yo?

Vengo da ...
… 에서 왔어요.
... e-seo wa-seo-yo.

Che lavoro fa?
무슨 일 하세요?
mu-seun il ha-se-yo?

Chi è?
이 분은 누구세요?
i bu-neun nu-gu-se-yo?

Chi è lui?
그 분은 누구세요?
geu bu-neun nu-gu-se-yo?

Chi è lei?
그 분은 누구세요?
geu bu-neun nu-gu-se-yo?

Chi sono loro?
그 분들은 누구세요?
geu bun-deu-reun nu-gu-se-yo?

Questo è …	이 쪽은 … 예요. i jjo-geun … ye-yo.
il mio amico	제 친구 je chin-gu
la mia amica	제 친구 je chin-gu
mio marito	제 남편 je nam-pyeon
mia moglie	제 아내 je a-nae
mio padre	제 아버지 je a-beo-ji
mia madre	제 어머니 je eo-meo-ni
mio figlio	제 아들 je a-deul
mia figlia	제 딸 je ttal
Questo è nostro figlio.	이 쪽은 우리 아들이에요. i jjo-geun u-ri a-deu-ri-ye-yo.
Questa è nostra figlia.	이 쪽은 우리 딸이에요. i jjo-geun u-ri tta-ri-ye-yo.
Questi sono i miei figli.	이 쪽은 제 아이들이에요. i jjo-geun je a-i-deu-ri-ye-yo.
Questi sono i nostri figli.	이 쪽은 우리 아이들이에요. i jjo-geun u-ri a-i-deu-ri-ye-yo.

Saluti di commiato

Arrivederci!	안녕히 계세요! an-nyeong-hi gye-se-yo!
Ciao!	안녕! an-nyeong!
A domani.	내일 만나요. nae-il man-na-yo.
A presto.	곧 만나요. got man-na-yo.
Ci vediamo alle sette.	일곱 시에 만나요. il-gop si-e man-na-yo.
Divertitevi!	재밌게 놀아! jae-mit-ge no-ra!
Ci sentiamo più tardi.	나중에 봐. na-jung-e bwa.
Buon fine settimana.	주말 잘 보내. ju-mal jal bo-nae.
Buona notte	안녕히 주무세요. an-nyeong-hi ju-mu-se-yo.
Adesso devo andare.	갈 시간이예요. gal si-gan-i-ye-yo.
Devo andare.	가야 해요. ga-ya hae-yo.
Torno subito.	금방 다시 올게요. geum-bang da-si ol-ge-yo.
È tardi.	늦었어요. neu-jeo-seo-yo.
Domani devo alzarmi presto.	일찍 일어나야 해요. il-jjik gi-reo-na-ya hae-yo.
Parto domani.	내일 떠나요. nae-il tteo-na-yo.
Partiamo domani.	우리는 내일 떠나요. u-ri-neun nae-il tteo-na-yo.
Buon viaggio!	즐거운 여행 되세요! jeul-geo-un nyeo-haeng doe-se-yo!
È stato un piacere conoscerla.	만나서 반가웠어요. man-na-seo ban-ga-wo-seo-yo.
È stato un piacere parlare con lei.	이야기하느라 즐거웠어요. i-ya-gi-ha-neu-ra jeul-geo-wo-seo-yo.
Grazie di tutto.	전부 다 감사합니다. jeon-bu da gam-sa-ham-ni-da.

Mi sono divertito.	아주 즐거웠어요. a-ju jeul-geo-wo-seo-yo.
Ci siamo divertiti.	우리는 아주 즐거웠어요. u-ri-neun a-ju jeul-geo-wo-seo-yo.
È stato straordinario.	정말 멋졌어요. jeong-mal meot-jyeo-seo-yo.
Mi mancherà.	보고 싶을 거예요. bo-go si-peul geo-ye-yo.
Ci mancherà.	우리는 당신이 보고 싶을 거예요. u-ri-neun dang-sin-i bo-go si-peul geo-ye-yo.

Buona fortuna!	행운을 빌어! haeng-u-neul bi-reo!
Mi saluti ...	⋯ 에게 안부 전해 주세요. ... e-ge an-bu jeon-hae ju-se-yo.

Lingua straniera

Non capisco.	못 알아들었어요. mot a-ra-deu-reo-seo-yo.
Può scriverlo, per favore.	적어 주세요. jeo-geo ju-se-yo.
Parla ...?	··· 하실 수 있어요? ... ha-sil su i-seo-yo?
Parlo un po' ...	저는 ··· 조금 할 수 있어요. jeo-neun ... jo-geum hal su i-seo-yo.
inglese	영어 yeong-eo
turco	터키어 teo-ki-eo
arabo	아랍어 a-ra-beo
francese	프랑스어 peu-rang-seu-eo
tedesco	독일어 do-gi-reo
italiano	이탈리아어 i-tal-li-a-eo
spagnolo	스페인어 seu-pe-in-eo
portoghese	포르투갈어 po-reu-tu-ga-reo
cinese	중국어 jung-gu-geo
giapponese	일본어 il-bon-eo
Può ripetere, per favore.	다시 한 번 말해 주세요. da-si han beon mal-hae ju-se-yo.
Capisco.	알아들었어요. a-ra-deu-reo-seo-yo.
Non capisco.	못 알아들었어요. mot a-ra-deu-reo-seo-yo.
Può parlare più piano, per favore.	좀 더 천천히 말해 주세요. jom deo cheon-cheon-hi mal-hae ju-se-yo.

È corretto?

이거 맞아요?
i-geo ma-ja-yo?

Cos'è questo? (Cosa significa?)

이게 뭐예요?
i-ge mwo-ye-yo?

Chiedere scusa

Mi scusi, per favore.	실례합니다, 저기요. sil-lye-ham-ni-da, jeo-gi-yo.
Mi dispiace.	죄송합니다. joe-song-ham-ni-da.
Mi dispiace molto.	정말 죄송합니다. jeong-mal joe-song-ham-ni-da.
Mi dispiace, è colpa mia.	죄송해요, 제 잘못이에요. joe-song-hae-yo, je jal-mo-si-ye-yo.
È stato un mio errore.	제 실수예요. je sil-su-ye-yo.
Posso ...?	···해도 되나요? ... hae-do doe-na-yo?
Le dispiace se ...?	···해도 괜찮으세요? ...hae-do gwaen-cha-neu-se-yo?
Non fa niente.	괜찮아요. gwaen-cha-na-yo.
Tutto bene.	괜찮아요. gwaen-cha-na-yo.
Non si preoccupi.	걱정하지 마세요. geok-jeong-ha-ji ma-se-yo.

Essere d'accordo

Sì.	네. ne.
Sì, certo.	네, 물론입니다. ne, mul-lon-im-ni-da.
Bene.	좋아요. jo-a-yo.
Molto bene.	아주 좋아요. a-ju jo-a-yo.
Certamente!	당연합니다! dang-yeon-ham-ni-da!
Sono d'accordo.	동의해요. dong-ui-hae-yo.

Esatto.	정확해요. jeong-hwak-ae-yo.
Giusto.	그게 맞아요. geu-ge ma-ja-yo.
Ha ragione.	당신이 맞아요. dang-sin-i ma-ja-yo.
È lo stesso.	저는 신경 쓰지 않아요. jeo-neun sin-gyeong sseu-ji a-na-yo.
È assolutamente corretto.	확실히 맞아요. hwak-sil-hi ma-ja-yo.

È possibile.	가능해요. ga-neung-hae-yo.
È una buona idea.	좋은 생각이예요. jo-eun saeng-ga-gi-ye-yo.
Non posso dire di no.	아니라고 할 수 없어요. a-ni-ra-go hal su eop-seo-yo.
Ne sarei lieto /lieta/.	기쁘게 할게요. gi-ppeu-ge hal-ge-yo.
Con piacere.	기꺼이요. gi-kkeo-i-yo.

Diniego. Esprimere incertezza

No.
아니오.
a-ni-o.

Sicuramente no.
절대 아니예요.
jeol-dae a-ni-ye-yo.

Non sono d'accordo.
동의할 수 없어요.
dong-ui-hal su eop-seo-yo.

Non penso.
그렇게 생각 안 해요.
geu-reo-ke saeng-gak gan hae-yo.

Non è vero.
그렇지 않아요.
geu-reo-chi a-na-yo.

Si sbaglia.
틀렸어요.
teul-lyeo-seo-yo.

Penso che lei si stia sbagliando.
틀리신 거 같아요.
teul-li-sin geo ga-ta-yo.

Non sono sicuro.
잘 모르겠어요.
jal mo-reu-ge-seo-yo.

È impossibile.
불가능해요.
bul-ga-neung-hae-yo.

Assolutamente no!
그럴 리가요!
geu-reol li-ga-yo!

Esattamente il contrario!
정 반대예요.
jeong ban-dae-ye-yo.

Sono contro.
저는 반대예요.
jeo-neun ban-dae-ye-yo.

Non m'interessa.
저는 신경 안 써요.
jeo-neun sin-gyeong an sseo-yo.

Non ne ho idea.
모르겠어요.
mo-reu-ge-seo-yo.

Dubito che sia così.
그건 아닌 것 같아요.
geu-geon a-nin geot ga-ta-yo.

Mi dispiace, non posso.
죄송합니다. 못 해요.
joe-song-ham-ni-da. mot tae-yo.

Mi dispiace, non voglio.
죄송합니다. 하기 싫어요.
joe-song-ham-ni-da. ha-gi si-reo-yo.

Non ne ho bisogno, grazie.
감사합니다, 하지만 필요
없어요.
gam-sa-ham-ni-da, ha-ji-man pi-ryo
eop-seo-yo.

È già tardi.

좀 늦었네요.
jom neu-jeon-ne-yo.

Devo alzarmi presto.

일찍 일어나야 해요.
il-jjik gi-reo-na-ya hae-yo.

Non mi sento bene.

몸이 안 좋아요.
mom-i an jo-a-yo.

Esprimere gratitude

Grazie.
감사합니다.
gam-sa-ham-ni-da.

Grazie mille.
대단히 감사합니다.
dae-dan-hi gam-sa-ham-ni-da.

Le sono riconoscente.
정말로 감사히
생각해요.
jeong-mal-lo gam-sa-hi
saeng-gak-ae-yo.

Le sono davvero grato.
당신에게 정말로
감사해요.
dang-sin-e-ge jeong-mal-lo
gam-sa-hae-yo.

Le siamo davvero grati.
저희는 당신에게 정말로
감사해요.
jeo-hui-neun dang-sin-e-ge jeong-mal-lo
gam-sa-hae-yo.

Grazie per la sua disponibilità.
시간 내 주셔서
감사합니다.
si-gan nae ju-syeo-seo
gam-sa-ham-ni-da.

Grazie di tutto.
전부 다 감사합니다.
jeon-bu da gam-sa-ham-ni-da.

Grazie per ...
···에 대해 감사합니다.
...e dae-hae gam-sa-ham-ni-da.

il suo aiuto
도움
do-um

il bellissimo tempo
즐거운 시간
jeul-geo-un si-gan

il delizioso pranzo
훌륭한 식사
hul-lyung-han sik-sa

la bella serata
만족스러운 저녁
man-jok-seu-reo-un jeo-nyeok

la bella giornata
훌륭한 하루
hul-lyung-han ha-ru

la splendida gita
근사한 여행
geun-sa-han nyeo-haeng

Non c'è di che.
별 말씀을요.
byeol mal-sseu-meu-ryo.

Prego.
천만에요.
cheon-man-e-yo.

Con piacere.

언제든지요.
eon-je-deun-ji-yo.

È stato un piacere.

제가 즐거웠어요.
je-ga jeul-geo-wo-seo-yo.

Non ci pensi neanche.

됐어요.
dwae-seo-yo.

Non si preoccupi.

걱정하지 마세요.
geok-jeong-ha-ji ma-se-yo.

Congratulazioni. Auguri

Congratulazioni!	축하합니다! chuk-a-ham-ni-da!
Buon compleanno!	생일 축하합니다! saeng-il chuk-a-ham-ni-da!
Buon Natale!	메리 크리스마스! me-ri keu-ri-seu-ma-seu!
Felice Anno Nuovo!	새해 복 많이 받으세요! sae-hae bok ma-ni ba-deu-se-yo!

Buona Pasqua!	즐거운 부활절 되세요! jeul-geo-un bu-hwal-jeol doe-se-yo!
Felice Hanukkah!	즐거운 하누카 되세요! jeul-geo-un ha-nu-ka doe-se-yo!

Vorrei fare un brindisi.	건배해요. geon-bae-hae-yo.
Salute!	건배! geon-bae!
Beviamo a ...!	··· 위하여! ... wi-ha-yeo!
Al nostro successo!	성공을 위하여! seong-gong-eul rwi-ha-yeo!
Al suo successo!	성공을 위하여! seong-gong-eul rwi-ha-yeo!

Buona fortuna!	행운을 빌어! haeng-u-neul bi-reo!
Buona giornata!	좋은 하루 되세요! jo-eun ha-ru doe-se-yo!
Buone vacanze!	좋은 휴일 되세요! jo-eun hyu-il doe-se-yo!
Buon viaggio!	안전한 여행 되세요! an-jeon-han nyeo-haeng doe-se-yo!
Spero guarisca presto!	빨리 나으세요! ppal-li na-eu-se-yo!

Socializzare

Perchè è triste?	왜 슬퍼하세요? wae seul-peo-ha-se-yo?
Sorrida!	웃으세요! 기운 내세요! us-eu-se-yo! gi-un nae-se-yo!
È libero stasera?	오늘 밤에 시간 있으세요? o-neul bam-e si-gan i-seu-se-yo?

Posso offrirle qualcosa da bere?	제가 한 잔 살까요? je-ga han jan sal-kka-yo?
Vuole ballare?	춤 추실래요? chum chu-sil-lae-yo?
Andiamo al cinema.	영화 보러 갑시다. yeong-hwa bo-reo gap-si-da.

Posso invitarla ...?	···에 초대해도 될까요? ...e cho-dae-hae-do doel-kka-yo?
al ristorante	음식점 eum-sik-jeom
al cinema	영화관 yeong-hwa-gwan
a teatro	극장 geuk-jang
a fare una passeggiata	산책 san-chaek

A che ora?	몇 시예요? myeot si-e-yo?
stasera	오늘밤 o-neul-bam
alle sei	여섯 시 yeo-seot si
alle sette	일곱 시 il-gop si
alle otto	여덟 시 yeo-deol si
alle nove	아홉 시 a-hop si

Le piace qui?	여기가 마음에 드세요? yeo-gi-ga ma-eum-e deu-se-yo?
È qui con qualcuno?	누구랑 같이 왔어요? nu-gu-rang ga-chi wa-seo-yo?
Sono con un amico /una amica/.	친구랑 같이 왔어요. chin-gu-rang ga-chi wa-seo-yo.

Sono con i miei amici.
친구들이랑 같이 왔어요.
chin-gu-deu-ri-rang ga-chi wa-seo-yo.

No, sono da solo /sola/.
아니오, 혼자 왔어요.
a-ni-o, hon-ja wa-seo-yo.

Hai il ragazzo?
남자친구 있어?
nam-ja-chin-gu i-seo?

Ho il ragazzo.
남자친구 있어.
nam-ja-chin-gu i-seo.

Hai la ragazza?
여자친구 있어?
yeo-ja-chin-gu i-seo?

Ho la ragazza.
여자친구 있어.
yeo-ja-chin-gu i-seo.

Posso rivederti?
다시 만날래?
da-si man-nal-lae?

Posso chiamarti?
전화해도 돼?
jeon-hwa-hae-do dwae?

Chiamami.
전화해 줘.
jeon-hwa-hae jwo.

Qual'è il tuo numero?
전화번호가 뭐야?
jeon-hwa-beon-ho-ga mwo-ya?

Mi manchi.
보고싶어.
bo-go-si-peo.

Ha un bel nome.
이름이 아름다우시네요.
i-reum-i a-reum-da-u-si-ne-yo.

Ti amo.
사랑해.
sa-rang-hae.

Mi vuoi sposare?
결혼해 줄래?
gyeol-hon-hae jul-lae?

Sta scherzando!
장난치지 마세요!
jang-nan-chi-ji ma-se-yo!

Sto scherzando.
장난이었어요.
jang-nan-i-eo-seo-yo.

Lo dice sul serio?
진심이세요?
jin-sim-i-se-yo?

Sono serio.
진심이예요.
jin-sim-i-ye-yo.

Davvero?!
정말로요?!
jeong-mal-lo-yo?!

È incredibile!
믿을 수 없어요!
mi-deul su eop-seo-yo!

Non le credo.
당신을 믿지 않아요.
dang-si-neul mit-ji a-na-yo.

Non posso.
그럴 수 없어요.
geu-reol su eop-seo-yo.

No so.
모르겠어요.
mo-reu-ge-seo-yo.

Non la capisco.
무슨 말인지 모르겠어요.
mu-seun ma-rin-ji mo-reu-ge-seo-yo.

Per favore, vada via.

저리 가세요.
jeo-ri ga-se-yo.

Mi lasci in pace!

혼자 있고 싶어요!
hon-ja it-go si-peo-yo!

Non lo sopporto.

그를 견딜 수 없어요.
geu-reul gyeon-dil su eop-seo-yo.

Lei è disgustoso!

당신 역겨워요!
dang-sin nyeok-gyeo-wo-yo!

Chiamo la polizia!

경찰을 부를 거예요!
gyeong-cha-reul bu-reul geo-ye-yo!

Comunicare impressioni ed emozioni

Mi piace.	마음에 들어요. ma-eum-e deu-reo-yo.
Molto carino.	아주 좋아요. a-ju jo-a-yo.
È formidabile!	멋져요! meot-jyeo-yo!
Non è male.	나쁘지 않아요. na-ppeu-ji a-na-yo.
Non mi piace.	마음에 들지 않아요. ma-eum-e deul-ji a-na-yo.
Non è buono.	좋지 않아요. jo-chi a-na-yo.
È cattivo.	나빠요. na-ppa-yo.
È molto cattivo.	아주 나빠요. a-ju na-ppa-yo.
È disgustoso.	역겨워요. yeok-gyeo-wo-yo.
Sono felice.	저는 행복해요. jeo-neun haeng-bok-ae-yo.
Sono contento /contenta/.	저는 만족해요. jeo-neun man-jok-ae-yo.
Sono innamorato /innamorata/.	저는 사랑에 빠졌어요. jeo-neun sa-rang-e ppa-jyeo-seo-yo.
Sono calmo.	저는 침착해요. jeo-neun chim-chak-ae-yo.
Sono annoiato.	저는 지루해요. jeo-neun ji-ru-hae-yo.
Sono stanco /stanca/.	저는 지쳤어요. jeo-neun ji-chyeo-seo-yo.
Sono triste.	저는 슬퍼요. jeo-neun seul-peo-yo.
Sono spaventato.	저는 무서워요. jeo-neun mu-seo-wo-yo.
Sono arrabbiato /arrabiata/.	저는 화났어요. jeo-neun hwa-na-seo-yo.
Sono preoccupato /preoccupata/.	저는 걱정이 돼요. jeo-neun geok-jeong-i dwae-yo.
Sono nervoso /nervosa/.	저는 긴장이 돼요. jeo-neun gin-jang-i dwae-yo.

Sono geloso /gelosa/.

저는 부러워요.
jeo-neun bu-reo-wo-yo.

Sono sorpreso /sorpresa/.

놀랐어요.
nol-la-seo-yo.

Sono perplesso.

당황했어요.
dang-hwang-hae-seo-yo.

Problemi. Incidenti

Ho un problema.	문제가 있어요. mun-je-ga i-seo-yo.
Abbiamo un problema.	우리는 문제가 있어요. u-ri-neun mun-je-ga i-seo-yo.
Sono perso /persa/.	길을 잃었어요. gi-reul ri-reo-seo-yo.
Ho perso l'ultimo autobus (treno).	마지막 버스 (기차)를 놓쳤어요. ma-ji-mak beo-seu (gi-cha)reul lo-chyeo-seo-yo.
Non ho più soldi.	돈이 다 떨어졌어요. don-i da tteo-reo-jyeo-seo-yo.

Ho perso ...	··· 잃어버렸어요. ... i-reo-beo-ryeo-seo-yo.
Mi hanno rubato ...	제 ··· 누가 훔쳐갔어요. je ... nu-ga hum-chyeo-ga-seo-yo.
il passaporto	여권 yeo-gwon
il portafoglio	지갑 ji-gap
i documenti	서류 seo-ryu
il biglietto	표 pyo

i soldi	돈 don
la borsa	핸드백 haen-deu-baek
la macchina fotografica	카메라 ka-me-ra
il computer portatile	노트북 no-teu-buk
il tablet	타블렛피씨 ta-beul-let-pi-ssi
il telefono cellulare	핸드폰 haen-deu-pon

Aiuto!	도와주세요! do-wa-ju-se-yo!
Che cosa è successo?	무슨 일이 있었어요? mu-seun i-ri i-seo-seo-yo?

fuoco	화재 hwa-jae
sparatoria	총격 chong-gyeok
omicidio	살인 sa-rin
esplosione	폭발 pok-bal
rissa	폭행 pok-aeng

Chiamate la polizia!	경찰을 불러 주세요! gyeong-cha-reul bul-leo ju-se-yo!
Per favore, faccia presto!	제발 서둘러요! je-bal seo-dul-leo-yo!
Sto cercando la stazione di polizia.	경찰서를 찾고 있어요. gyeong-chal-seo-reul chat-go i-seo-yo.
Devo fare una telefonata.	전화를 걸어야 해요. jeon-hwa-reul geo-reo-ya hae-yo.
Posso usare il suo telefono?	전화를 빌려주실 수 있어요? jeon-hwa-reul bil-lyeo-ju-sil su i-seo-yo?

Sono stato /stata/ ...	저는 ... 당했어요. jeo-neun ... dang-hae-seo-yo.
aggredito /aggredita/	강도 gang-do
derubato /derubata/	도둑질 do-duk-jil
violentata	강간 gang-gan
assalito /assalita/	폭행 pok-aeng

Lei sta bene?	괜찮으세요? gwaen-cha-neu-se-yo?
Ha visto chi è stato?	누구였는지 보셨어요? nu-gu-yeon-neun-ji bo-syeo-seo-yo?
È in grado di riconoscere la persona?	그 사람을 알아볼 수 있겠어요? geu sa-ra-meul ra-ra-bol su it-ge-seo-yo?
È sicuro?	확실해요? hwak-sil-hae-yo?

Per favore, si calmi.	제발 진정해요. je-bal jin-jeong-hae-yo.
Si calmi!	마음을 가라앉히세요! ma-eu-meul ga-ra-an-chi-se-yo!
Non si preoccupi.	걱정하지 마세요! geok-jeong-ha-ji ma-se-yo!
Andrà tutto bene.	다 잘 될 거예요. da jal doel geo-ye-yo.

Va tutto bene.

다 괜찮아요.
da gwaen-cha-na-yo.

Venga qui, per favore.

이 쪽으로 오세요.
i jjo-geu-ro o-se-yo.

Devo porle qualche domanda.

질문이 있습니다.
jil-mun-i it-seum-ni-da.

Aspetti un momento, per favore.

잠시 기다려 주세요.
jam-si gi-da-ryeo ju-se-yo.

Ha un documento d'identità?

신분증 있습니까?
sin-bun-jeung it-seum-ni-kka?

Grazie. Può andare ora.

감사합니다. 이제 가셔도
됩니다.
gam-sa-ham-ni-da. i-je ga-syeo-do
doem-ni-da.

Mani dietro la testa!

손 머리 위로 들어!
son meo-ri wi-ro deu-reo!

È in arresto!

체포한다!
che-po-han-da!

Problemi di salute

Mi può aiutare, per favore.	도와주세요. do-wa-ju-se-yo.
Non mi sento bene.	몸이 안 좋아요. mom-i an jo-a-yo.
Mio marito non si sente bene.	제 남편이 몸이 안 좋아요. je nam-pyeon-i mom-i an jo-a-yo.
Mio figlio ...	제 아들이 … je a-deu-ri …
Mio padre ...	제 아버지가 … je a-beo-ji-ga …
Mia moglie non si sente bene.	제 아내가 몸이 안 좋아요. je a-nae-ga mom-i an jo-a-yo.
Mia figlia ...	제 딸이 … je tta-ri …
Mia madre ...	제 어머니가 … je eo-meo-ni-ga …
Ho mal di ...	…이 있어요. …i i-seo-yo.
testa	두통 du-tong
gola	인후통 in-hu-tong
pancia	복통 bok-tong
denti	치통 chi-tong
Mi gira la testa.	어지러워요. eo-ji-reo-wo-yo.
Ha la febbre. (m)	그는 열이 있어요. geu-neun nyeo-ri i-seo-yo.
Ha la febbre. (f)	그녀는 열이 있어요. geu-nyeo-neun nyeo-ri i-seo-yo.
Non riesco a respirare.	숨을 못 쉬겠어요. su-meul mot swi-ge-seo-yo.
Mi manca il respiro.	숨이 차요. sum-i cha-yo.
Sono asmatico.	저는 천식이 있어요. jeo-neun cheon-si-gi i-seo-yo.
Sono diabetico /diabetica/.	저는 당뇨가 있어요. jeo-neun dang-nyo-ga i-seo-yo.

Soffro d'insonnia.	저는 잠을 못 자요. jeo-neun ja-meul mot ja-yo.
intossicazione alimentare	식중독 sik-jung-dok

Fa male qui.	여기가 아파요. yeo-gi-ga a-pa-yo.
Mi aiuti!	도와주세요! do-wa-ju-se-yo!
Sono qui!	여기 있어요! yeo-gi i-seo-yo!
Siamo qui!	우리 여기 있어요! u-ri yeo-gi i-seo-yo!
Mi tiri fuori di qui!	꺼내주세요! kkeo-nae-ju-se-yo!
Ho bisogno di un dottore.	의사가 필요해요. ui-sa-ga pi-ryo-hae-yo.
Non riesco a muovermi.	못 움직이겠어요. mot um-ji-gi-ge-seo-yo.
Non riesco a muovere le gambe.	다리를 못 움직이겠어요. da-ri-reul mot um-ji-gi-ge-seo-yo.

Ho una ferita.	다쳤어요. da-chyeo-seo-yo.
È grave?	심각한가요? sim-gak-an-ga-yo?
I miei documenti sono in tasca.	주머니에 제 서류가 있어요. ju-meo-ni-e je seo-ryu-ga i-seo-yo.
Si calmi!	진정해요! jin-jeong-hae-yo!
Posso usare il suo telefono?	전화를 빌려주실 수 있어요? jeon-hwa-reul bil-lyeo-ju-sil su i-seo-yo?

Chiamate l'ambulanza!	구급차를 불러 주세요! gu-geup-cha-reul bul-leo ju-se-yo!
È urgente!	급해요! geu-pae-yo!
È un'emergenza!	긴급 상황이에요! gin-geup sang-hwang-i-e-yo!
Per favore, faccia presto!	제발 서둘러요! je-bal seo-dul-leo-yo!
Per favore, chiamate un medico.	의사를 불러주시겠어요? ui-sa-reul bul-leo-ju-si-ge-seo-yo?
Dov'è l'ospedale?	병원은 어디 있어요? byeong-wo-neun eo-di i-seo-yo?

Come si sente?	기분이 어떠세요? gi-bun-i eo-tteo-se-yo?
Sta bene?	괜찮으세요? gwaen-cha-neu-se-yo?
Che cosa è successo?	무슨 일이 있었어요? mu-seun i-ri i-seo-seo-yo?

Mi sento meglio ora.	이제 나아졌어요. i-je na-a-jyeo-seo-yo.
Va bene.	괜찮아요. gwaen-cha-na-yo.
Va tutto bene.	괜찮아요. gwaen-cha-na-yo.

In farmacia

farmacia	약국 yak-guk
farmacia di turno	24시간 약국 i-sip-sa-si-gan nyak-guk
Dov'è la farmacia più vicina?	가장 가까운 약국이 어디예요? ga-jang ga-kka-un nyak-gu-gi eo-di-ye-yo?
È aperta a quest'ora?	지금 열였어요? ji-geum myeo-reo-seo-yo?
A che ora apre?	몇 시에 열어요? myeot si-e yeo-reo-yo?
A che ora chiude?	몇 시에 닫아요? myeot si-e da-da-yo?
È lontana?	멀어요? meo-reo-yo?
Posso andarci a piedi?	걸어갈 수 있어요? geo-reo-gal su i-seo-yo?
Può mostrarmi sulla piantina?	지도에서 보여주실 수 있어요? ji-do-e-seo bo-yeo-ju-sil su i-seo-yo?
Per favore, può darmi qualcosa per ...	···에 듣는 약 주세요. ...e deun-neun nyak ju-se-yo.
il mal di testa	두통 du-tong
la tosse	기침 gi-chim
il raffreddore	감기 gam-gi
l'influenza	독감 dok-gam
la febbre	열 yeol
il mal di stomaco	복통 bok-tong
la nausea	구토 gu-to
la diarrea	설사 seol-sa
la costipazione	변비 byeon-bi

mal di schiena	등 통증 deung tong-jeung
dolore al petto	가슴 통증 ga-seum tong-jeung
fitte al fianco	옆구리 당김 yeop-gu-ri dang-gim
dolori addominali	배 통증 bae tong-jeung

pastiglia	알약 a-ryak
pomata	연고 yeon-go
sciroppo	물약 mul-lyak
spray	스프레이 seu-peu-re-i
gocce	안약 a-nyak

Deve andare in ospedale.	병원에 가셔야 해요. byeong-won-e ga-syeo-ya hae-yo.
assicurazione sanitaria	건강보험 geon-gang-bo-heom
prescrizione	처방전 cheo-bang-jeon
insettifugo	방충제 bang-chung-je
cerotto	밴드에이드 baen-deu-e-i-deu

Il minimo indispensabile

Mi scusi, …	실례합니다, … sil-lye-ham-ni-da, …
Buongiorno.	안녕하세요. an-nyeong-ha-se-yo.
Grazie.	감사합니다. gam-sa-ham-ni-da.
Arrivederci.	안녕히 계세요. an-nyeong-hi gye-se-yo.
Sì.	네. ne.
No.	아니오. a-ni-o.
Non lo so.	모르겠어요. mo-reu-ge-seo-yo.
Dove?	Dove? (~ stai andando?)	Quando?	어디예요?	어디까지 가세요?	언제요? eo-di-ye-yo?	eo-di-kka-ji ga-se-yo?	eon-je-yo?

Ho bisogno di …	… 필요해요. … pi-ryo-hae-yo.
Voglio …	… 싶어요. … si-peo-yo.
Avete …?	… 있으세요? … i-seu-se-yo?
C'è un /una/ … qui?	여기 … 있어요? yeo-gi … i-seo-yo?
Posso …?	…해도 되나요? … hae-do doe-na-yo?
per favore	…, 부탁합니다. …, bu-tak-am-ni-da.

Sto cercando …	… 찾고 있어요. … chat-go i-seo-yo.
il bagno	화장실 hwa-jang-sil
un bancomat	현금인출기 hyeon-geum-in-chul-gi
una farmacia	약국 yak-guk
un ospedale	병원 byeong-won
la stazione di polizia	경찰서 gyeong-chal-seo

la metro	지하철 ji-ha-cheol
un taxi	택시 taek-si
la stazione (ferroviaria)	기차역 gi-cha-yeok

Mi chiamo ...	제 이름은 … 입니다. je i-reu-meun ... im-ni-da.
Come si chiama?	성함이 어떻게 되세요? seong-ham-i eo-tteo-ke doe-se-yo?
Mi può aiutare, per favore?	도와주세요. do-wa-ju-se-yo.
Ho un problema.	문제가 있어요. mun-je-ga i-seo-yo.
Mi sento male.	몸이 안 좋아요. mom-i an jo-a-yo.
Chiamate l'ambulanza!	구급차를 불러 주세요! gu-geup-cha-reul bul-leo ju-se-yo!
Posso fare una telefonata?	전화를 써도 되나요? jeon-hwa-reul sseo-do doe-na-yo?

Mi dispiace.	죄송합니다. joe-song-ham-ni-da.
Prego.	천만에요. cheon-man-e-yo.

io	저 jeo
tu	너 neo
lui	그 geu
lei	그녀 geu-nyeo
loro (m)	그들 geu-deul
loro (f)	그들 geu-deul
noi	우리 u-ri
voi	너희 neo-hui
Lei	당신 dang-sin

ENTRATA	입구 ip-gu
USCITA	출구 chul-gu
FUORI SERVIZIO	고장 go-jang

CHIUSO

닫힘
da-chim

APERTO

열림
yeol-lim

DONNE

여성용
yeo-seong-yong

UOMINI

남성용
nam-seong-yong

T&P BOOKS

VOCABOLARIO SUDDIVISO PER ARGOMENTI

Questa sezione contiene
più di 3.000 termini tra i più
importanti. Il dizionario sarà
un inestimabile aiuto durante
i vostri viaggi all'estero,
in quanto contiene termini
di uso quotidiano che
permetteranno di farvi capire
facilmente.
Il dizionario include un'utile
trascrizione fonetica per ogni
termine straniero

T&P Books Publishing

INDICE DEL DIZIONARIO

T&P Books Publishing

CONCETTI DI BASE

T&P Books Publishing

io	나, 저	na
tu	너	neo
lui	그, 그분	geu, geu-bun
lei	그녀	geu-nyeo
esso	그것	geu-geot
noi	우리	u-ri
voi	너희	neo-hui
Lei	당신	dang-sin
loro	그들	geu-deul

2. Saluti. Convenevoli

Salve!	안녕!	an-nyeong!
Buongiorno!	안녕하세요!	an-nyeong-ha-se-yo!
Buongiorno! (la mattina)	안녕하세요!	an-nyeong-ha-se-yo!
Buon pomeriggio!	안녕하세요!	an-nyeong-ha-se-yo!
Buonasera!	안녕하세요!	an-nyeong-ha-se-yo!

salutare (vt)	인사하다	in-sa-ha-da
Ciao! Salve!	안녕!	an-nyeong!
saluto (m)	인사	in-sa
salutare (vt)	인사하다	in-sa-ha-da
Come sta? Come stai?	잘 지내세요?	jal ji-nae-se-yo?
Che c'è di nuovo?	어떻게 지내?	eo-tteo-ke ji-nae?

Arrivederci!	안녕히 가세요!	an-nyeong-hi ga-se-yo!
A presto!	또 만나요!	tto man-na-yo!
Addio! (inform.)	잘 있어!	jal ri-seo!
Addio! (form.)	안녕히 계세요!	an-nyeong-hi gye-se-yo!
congedarsi (vr)	작별인사를 하다	jak-byeo-rin-sa-reul ha-da
Ciao! (A presto!)	안녕!	an-nyeong!

Grazie!	감사합니다!	gam-sa-ham-ni-da!
Grazie mille!	대단히 감사합니다!	dae-dan-hi gam-sa-ham-ni-da!

Prego	천만이에요	cheon-man-i-e-yo
Non c'è di che!	천만의 말씀입니다	cheon-man-ui mal-sseum-im-ni-da

Di niente	천만에	cheon-man-e
Scusa!	실례!	sil-lye!

| Scusi! | 실례합니다! | sil-lye-ham-ni-da! |
| scusare (vt) | 용서하다 | yong-seo-ha-da |

scusarsi (vr)	사과하다	sa-gwa-ha-da
Chiedo scusa	사과드립니다	sa-gwa-deu-rim-ni-da
Mi perdoni!	죄송합니다!	joe-song-ham-ni-da!
perdonare (vt)	용서하다	yong-seo-ha-da
per favore	부탁합니다	bu-tak-am-ni-da

Non dimentichi!	잊지 마십시오!	it-ji ma-sip-si-o!
Certamente!	물론이에요!	mul-lon-i-e-yo!
Certamente no!	물론 아니에요!	mul-lon a-ni-e-yo!
D'accordo!	그래요!	geu-rae-yo!
Basta!	그만!	geu-man!

3. Domande

Chi?	누구?	nu-gu?
Che cosa?	무엇?	mu-eot?
Dove? (in che luogo?)	어디?	eo-di?
Dove? (~ vai?)	어디로?	eo-di-ro?
Di dove?, Da dove?	어디로부터?	eo-di-ro-bu-teo?
Quando?	언제?	eon-je?
Perché? (per quale scopo?)	왜?	wae?
Perché? (per quale ragione?)	왜?	wae?

Per che cosa?	무엇을 위해서?	mu-eos-eul rwi-hae-seo?
Come?	어떻게?	eo-tteo-ke?
Che? (~ colore è?)	어떤?	eo-tteon?
Quale?	어느?	eo-neu?

A chi?	누구에게?	nu-gu-e-ge?
Di chi?	누구에 대하여?	nu-gu-e dae-ha-yeo?
Di che cosa?	무엇에 대하여?	mu-eos-e dae-ha-yeo?
Con chi?	누구하고?	nu-gu-ha-go?

| Quanti?, Quanto? | 얼마? | eol-ma? |
| Di chi? | 누구의? | nu-gu-ui? |

4. Preposizioni

con (tè ~ il latte)	··· 하고	,,, ha-go
senza	없이	eop-si
a (andare ~ ...)	··· 에	... e
di (parlare ~ ...)	··· 에 대하여	... e dae-ha-yeo
prima di ...	전에	jeon-e

di fronte a ...	··· 앞에	... a-pe
sotto (avv)	밑에	mi-te
sopra (al di ~)	위에	wi-e
su (sul tavolo, ecc.)	위에	wi-e
da, di (via da ..., fuori di ...)	··· 에서	... e-seo
di (fatto ~ cartone)	··· 로	... ro
fra (~ dieci minuti)	··· 안에	... a-ne
attraverso (dall'altra parte)	너머	dwi-e

5. Parole grammaticali. Avverbi. Parte 1

Dove?	어디?	eo-di?
qui (in questo luogo)	여기	yeo-gi
lì (in quel luogo)	거기	geo-gi
da qualche parte (essere ~)	어딘가	eo-din-ga
da nessuna parte	어디도	eo-di-do
vicino a ...	옆에	yeo-pe
vicino alla finestra	창문 옆에	chang-mun nyeo-pe
Dove?	어디로?	eo-di-ro?
qui (vieni ~)	여기로	yeo-gi-ro
ci (~ vado stasera)	거기로	geo-gi-ro
da qui	여기서	yeo-gi-seo
da lì	거기서	geo-gi-seo
vicino, accanto (avv)	가까이	ga-kka-i
lontano (avv)	멀리	meol-li
vicino (~ a Parigi)	근처에	geun-cheo-e
vicino (qui ~)	인근에	in-geu-ne
non lontano	멀지 않게	meol-ji an-ke
sinistro (agg)	왼쪽의	oen-jjo-gui
a sinistra (rimanere ~)	왼쪽에	oen-jjo-ge
a sinistra (girare ~)	왼쪽으로	oen-jjo-geu-ro
destro (agg)	오른쪽의	o-reun-jjo-gui
a destra (rimanere ~)	오른쪽에	o-reun-jjo-ge
a destra (girare ~)	오른쪽으로	o-reun-jjo-geu-ro
davanti	앞쪽에	ap-jjo-ge
anteriore (agg)	앞의	a-pui
avanti	앞으로	a-peu-ro
dietro (avv)	뒤에	dwi-e
da dietro	뒤에서	dwi-e-seo

indietro	뒤로	dwi-ro
mezzo (m), centro (m)	가운데	ga-un-de
in mezzo, al centro	가운데에	ga-un-de-e
di fianco	옆에	yeo-pe
dappertutto	모든 곳에	mo-deun gos-e
attorno	주위에	ju-wi-e
da dentro	내면에서	nae-myeon-e-seo
da qualche parte (andare ~)	어딘가에	eo-din-ga-e
dritto (direttamente)	똑바로	ttok-ba-ro
indietro	뒤로	dwi-ro
da qualsiasi parte	어디에서든지	eo-di-e-seo-deun-ji
da qualche posto (veniamo ~)	어디로부터인지	eo-di-ro-bu-teo-in-ji
in primo luogo	첫째로	cheot-jjae-ro
in secondo luogo	둘째로	dul-jjae-ro
in terzo luogo	셋째로	set-jjae-ro
all'improvviso	갑자기	gap-ja-gi
all'inizio	처음에	cheo-eum-e
per la prima volta	처음으로	cheo-eu-meu-ro
molto tempo prima di...	··· 오래 전에	... o-rae jeon-e
di nuovo	다시	da-si
per sempre	영원히	yeong-won-hi
mai	절대로	jeol-dae-ro
ancora	다시	da-si
adesso	이제	i-je
spesso (avv)	자주	ja-ju
allora	그때	geu-ttae
urgentemente	급히	geu-pi
di solito	보통으로	bo-tong-eu-ro
a proposito, ...	그건 그렇고, ···	geu-geon geu-reo-ko, ...
è possibile	가능한	ga-neung-han
probabilmente	아마	a-ma
forse	어쩌면	eo-jjeo-myeon
inoltre ...	게다가 ···	ge-da-ga ...
ecco perché ...	그래서 ···	geu-rae-seo ...
nonostante (~ tutto)	··· 에도 불구하고	... e-do bul-gu-ha-go
grazie a ...	··· 덕분에	... deok-bun-e
qualcosa (qualsiasi cosa)	무엇인가	mu-eon-nin-ga
qualcosa (le serve ~?)	무엇이든지	mu-eon-ni-deun-ji
niente	아무것도	a-mu-geot-do
qualcuno (annuire a ~)	누구	nu-gu
qualcuno (dipendere da ~)	누군가	nu-gun-ga

nessuno	아무도	a-mu-do
da nessuna parte	아무데도	a-mu-de-do
di nessuno	누구의 것도 아닌	nu-gu-ui geot-do a-nin
di qualcuno	누군가의	nu-gun-ga-ui
così (era ~ arrabbiato)	그래서	geu-rae-seo
anche (penso ~ a ...)	역시	yeok-si
anche, pure	또한	tto-han

6. Parole grammaticali. Avverbi. Parte 2

Perché?	왜?	wae?
per qualche ragione	어떤 이유로	eo-tteon ni-yu-ro
perché ...	왜냐하면 ···	wae-nya-ha-myeon ...
per qualche motivo	어떤 목적으로	eo-tteon mok-jeo-geu-ro
e (cong)	그리고	geu-ri-go
o (sì ~ no?)	또는	tto-neun
ma (però)	그러나	geu-reo-na
per (~ me)	위해서	wi-hae-seo
troppo	너무	neo-mu
solo (avv)	··· 만	... man
esattamente	정확하게	jeong-hwak-a-ge
circa (~ 10 dollari)	약	yak
approssimativamente	대략	dae-ryak
approssimativo (agg)	대략적인	dae-ryak-jeo-gin
quasi	거의	geo-ui
resto	나머지	na-meo-ji
ogni (agg)	각각의	gak-ga-gui
qualsiasi (agg)	아무	a-mu
molti, molto	많이	ma-ni
molta gente	많은 사람들	ma-neun sa-ram-deul
tutto, tutti	모두	mo-du
in cambio di ...	··· 의 교환으로	... ui gyo-hwa-neu-ro
in cambio	교환으로	gyo-hwa-neu-ro
a mano (fatto ~)	수공으로	su-gong-eu-ro
poco probabile	거의	geo-ui
probabilmente	아마	a-ma
apposta	일부러	il-bu-reo
per caso	우연히	u-yeon-hi
molto (avv)	아주	a-ju
per esempio	예를 들면	ye-reul deul-myeon
fra (~ due)	사이에	sa-i-e
fra (~ più di due)	중에	jung-e

tanto (quantità)	이만큼	i-man-keum
soprattutto	특히	teuk-i

T&P BOOKS

NUMERI. VARIE

T&P Books Publishing

Italiano	한글	Romanizzazione
zero (m)	영	yeong
uno	일	il
due	이	i
tre	삼	sam
quattro	사	sa
cinque	오	o
sei	육	yuk
sette	칠	chil
otto	팔	pal
nove	구	gu
dieci	십	sip
undici	십일	si-bil
dodici	십이	si-bi
tredici	십삼	sip-sam
quattordici	십사	sip-sa
quindici	십오	si-bo
sedici	십육	si-byuk
diciassette	십칠	sip-chil
diciotto	십팔	sip-pal
diciannove	십구	sip-gu
venti	이십	i-sip
ventuno	이십일	i-si-bil
ventidue	이십이	i-si-bi
ventitre	이십삼	i-sip-sam
trenta	삼십	sam-sip
trentuno	삼십일	sam-si-bil
trentadue	삼십이	sam-si-bi
trentatre	삼십삼	sam-sip-sam
quaranta	사십	sa-sip
quarantuno	사십일	sa-si-bil
quarantadue	사십이	sa-si-bi
quarantatre	사십삼	sa-sip-sam
cinquanta	오십	o-sip
cinquantuno	오십일	o-si-bil
cinquantadue	오십이	o-si-bi
cinquantatre	오십삼	o-sip-sam
sessanta	육십	yuk-sip

sessantuno	육십일	yuk-si-bil
sessantadue	육십이	yuk-si-bi
sessantatre	육십삼	yuk-sip-sam
settanta	칠십	chil-sip
settantuno	칠십일	chil-si-bil
settantadue	칠십이	chil-si-bi
settantatre	칠십삼	chil-sip-sam
ottanta	팔십	pal-sip
ottantuno	팔십일	pal-si-bil
ottantadue	팔십이	pal-si-bi
ottantatre	팔십삼	pal-sip-sam
novanta	구십	gu-sip
novantuno	구십일	gu-si-bil
novantadue	구십이	gu-si-bi
novantatre	구십삼	gu-sip-sam

8. Numeri cardinali. Parte 2

cento	백	baek
duecento	이백	i-baek
trecento	삼백	sam-baek
quattrocento	사백	sa-baek
cinquecento	오백	o-baek
seicento	육백	yuk-baek
settecento	칠백	chil-baek
ottocento	팔백	pal-baek
novecento	구백	gu-baek
mille	천	cheon
duemila	이천	i-cheon
tremila	삼천	sam-cheon
diecimila	만	man
centomila	십만	sim-man
milione (m)	백만	baeng-man
miliardo (m)	십억	si-beok

9. Numeri ordinali

primo	첫 번째의	cheot beon-jjae-ui
secondo	두 번째의	du beon-jjae-ui
terzo	세 번째의	se beon-jjae-ui
quarto	네 번째의	ne beon-jjae-ui
quinto	다섯 번째의	da-seot beon-jjae-ui
sesto	여섯 번째의	yeo-seot beon-jjae-ui

settimo	일곱 번째의	il-gop beon-jjae-ui
ottavo	여덟 번째의	yeo-deol beon-jjae-ui
nono	아홉 번째의	a-hop beon-jjae-ui
decimo	열 번째의	yeol beon-jjae-ui

COLORI.
UNITÀ DI MISURA

T&P Books Publishing

colore (m)	색	sae
sfumatura (f)	색조	saek-jo
tono (m)	색상	saek-sang
arcobaleno (m)	무지개	mu-ji-gae
bianco (agg)	흰	huin
nero (agg)	검은	geo-meun
grigio (agg)	회색의	hoe-sae-gui
verde (agg)	초록색의	cho-rok-sae-gui
giallo (agg)	노란	no-ran
rosso (agg)	빨간	ppal-gan
blu (agg)	파란	pa-ran
azzurro (agg)	하늘색의	ha-neul-sae-gui
rosa (agg)	분홍색의	bun-hong-sae-gui
arancione (agg)	주황색의	ju-hwang-sae-gui
violetto (agg)	보라색의	bo-ra-sae-gui
marrone (agg)	갈색의	gal-sae-gui
d'oro (agg)	금색의	geum-sae-gui
argenteo (agg)	은색의	eun-sae-gui
beige (agg)	베이지색의	be-i-ji-sae-gui
color crema (agg)	크림색의	keu-rim-sae-gui
turchese (agg)	청록색의	cheong-nok-sae-gui
rosso ciliegia (agg)	암적색의	am-jeok-sae-gui
lilla (agg)	연보라색의	yeon-bo-ra-sae-gui
rosso lampone (agg)	진홍색의	jin-hong-sae-gui
chiaro (agg)	밝은	bal-geun
scuro (agg)	짙은	ji-teun
vivo, vivido (agg)	선명한	seon-myeong-han
colorato (agg)	색의	sae-gui
a colori	컬러의	keol-leo-ui
bianco e nero (agg)	흑백의	heuk-bae-gui
in tinta unita	단색의	dan-sae-gui
multicolore (agg)	다색의	da-sae-gui

peso (m)	무게	mu-ge
lunghezza (f)	길이	gi-ri

larghezza (f)	폭, 너비	pok, neo-bi
altezza (f)	높이	no-pi
profondità (f)	깊이	gi-pi
volume (m)	부피	bu-pi
area (f)	면적	myeon-jeok
grammo (m)	그램	geu-raem
milligrammo (m)	밀리그램	mil-li-geu-raem
chilogrammo (m)	킬로그램	kil-lo-geu-raem
tonnellata (f)	톤	ton
libbra (f)	파운드	pa-un-deu
oncia (f)	온스	on-seu
metro (m)	미터	mi-teo
millimetro (m)	밀리미터	mil-li-mi-teo
centimetro (m)	센티미터	sen-ti-mi-teo
chilometro (m)	킬로미터	kil-lo-mi-teo
miglio (m)	마일	ma-il
pollice (m)	인치	in-chi
piede (f)	피트	pi-teu
iarda (f)	야드	ya-deu
metro (m) quadro	제곱미터	je-gom-mi-teo
ettaro (m)	헥타르	hek-ta-reu
litro (m)	리터	ri-teo
grado (m)	도	do
volt (m)	볼트	bol-teu
ampere (m)	암페어	am-pe-eo
cavallo vapore (m)	마력	ma-ryeok
quantità (f)	수량, 양	su-ryang, yang
un po' di ...	··· 조금	... jo-geum
metà (f)	절반	jeol-ban
dozzina (f)	다스	da-seu
pezzo (m)	조각	jo-gak
dimensione (f)	크기	keu-gi
scala (f) (modello in ~)	축척	chuk-cheok
minimo (agg)	최소의	choe-so-ui
minore (agg)	가장 작은	ga-jang ja-geun
medio (agg)	중간의	jung-gan-ui
massimo (agg)	최대의	choe-dae-ui
maggiore (agg)	가장 큰	ga-jang keun

12. Contenitori

barattolo (m) di vetro	유리병	yu-ri-byeong
latta, lattina (f)	캔, 깡통	kaen, kkang-tong

secchio (m)	양동이	yang-dong-i
barile (m), botte (f)	통	tong
catino (m)	대야	dae-ya
serbatoio (m) (per liquidi)	탱크	taeng-keu
fiaschetta (f)	휴대용 술병	hyu-dae-yong sul-byeong
tanica (f)	통	tong
cisterna (f)	탱크	taeng-keu
tazza (f)	머그컵	meo-geu-keop
tazzina (f) (~ di caffé)	컵	keop
piattino (m)	받침 접시	bat-chim jeop-si
bicchiere (m) (senza stelo)	유리잔	yu-ri-jan
calice (m)	와인글라스	wa-in-geul-la-seu
casseruola (f)	냄비	naem-bi
bottiglia (f)	병	byeong
collo (m) (~ della bottiglia)	병목	byeong-mok
caraffa (f)	디캔터	di-kaen-teo
brocca (f)	물병	mul-byeong
recipiente (m)	용기	yong-gi
vaso (m) di coccio	항아리	hang-a-ri
vaso (m) di fiori	화병	hwa-byeong
boccetta (f) (~ di profumo)	향수병	hyang-su-byeong
fiala (f)	약병	yak-byeong
tubetto (m)	튜브	tyu-beu
sacco (m) (~ di patate)	자루	ja-ru
sacchetto (m) (~ di plastica)	봉투	bong-tu
pacchetto (m) (~ di sigarette, ecc.)	갑	gap
scatola (f) (~ per scarpe)	박스	bak-seu
cassa (f) (~ di vino, ecc.)	상자	sang-ja
cesta (f)	바구니	ba-gu-ni

T&P BOOKS

I VERBI PIÙ IMPORTANTI

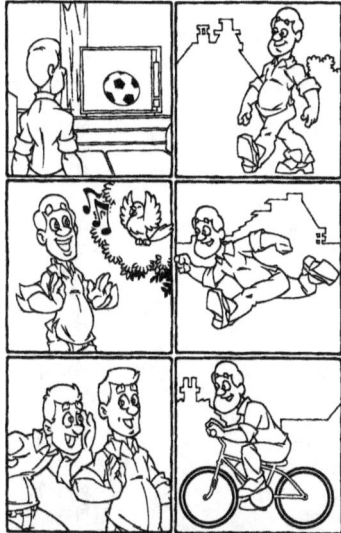

T&P Books Publishing

accorgersi (vt)	알아차리다	a-ra-cha-ri-da
afferrare (vt)	잡다	jap-da
affittare (dare in affitto)	임대하다	im-dae-ha-da
aiutare (vt)	도와주다	do-wa-ju-da
amare (qn)	사랑하다	sa-rang-ha-da
andare (camminare)	가다	ga-da
annotare (vt)	적다	jeok-da
appartenere (vi)	… 에 속하다	… e sok-a-da
aprire (vt)	열다	yeol-da
arrivare (vi)	도착하다	do-chak-a-da
aspettare (vt)	기다리다	gi-da-ri-da
avere (vt)	가지다	ga-ji-da
avere fame	배가 고프다	bae-ga go-peu-da
avere fretta	서두르다	seo-du-reu-da
avere paura	무서워하다	mu-seo-wo-ha-da
avere sete	목마르다	mong-ma-reu-da
avvertire (vt)	경고하다	gyeong-go-ha-da
cacciare (vt)	사냥하다	sa-nyang-ha-da
cadere (vi)	떨어지다	tteo-reo-ji-da
cambiare (vt)	바꾸다	ba-kku-da
capire (vt)	이해하다	i-hae-ha-da
cenare (vi)	저녁을 먹다	jeo-nyeo-geul meok-da
cercare (vt)	… 를 찾다	… reul chat-da
cessare (vt)	그만두다	geu-man-du-da
chiedere (~ aiuto)	부르다,	bu-reu-da,
	요청하다	yo-cheong-ha-da
chiedere (domandare)	묻다	mut-da
cominciare (vt)	시작하다	si-jak-a-da
comparare (vt)	비교하다	bi-gyo-ha-da
confondere (vt)	혼동하다	hon-dong-ha-da
conoscere (qn)	알다	al-da
conservare (vt)	보관하다	bo-gwan-ha-da
consigliare (vt)	조언하다	jo-eon-ha-da
contare (calcolare)	세다	se-da
contare su …	… 에 의지하다	… e ui-ji-ha-da
continuare (vt)	계속하다	gye-sok-a-da
controllare (vt)	제어하다	je-eo-ha-da
correre (vi)	달리다	dal-li-da

costare (vt)	값이 … 이다	gap-si … i-da
creare (vt)	창조하다	chang-jo-ha-da
cucinare (vi)	요리하다	yo-ri-ha-da

14. I verbi più importanti. Parte 2

dare (vt)	주다	ju-da
dare un suggerimento	힌트를 주다	hin-teu-reul ju-da
decorare (adornare)	장식하다	jang-sik-a-da
difendere (~ un paese)	방어하다	bang-eo-ha-da
dimenticare (vt)	잊다	it-da

dire (~ la verità)	말하다	mal-ha-da
dirigere (compagnia, ecc.)	운영하다	u-nyeong-ha-da
discutere (vt)	의논하다	ui-non-ha-da
domandare (vt)	부탁하다	bu-tak-a-da
dubitare (vi)	의심하다	ui-sim-ha-da

entrare (vi)	들어가다	deu-reo-ga-da
esigere (vt)	요구하다	yo-gu-ha-da
esistere (vi)	존재하다	jon-jae-ha-da

essere d'accordo	동의하다	dong-ui-ha-da
fare (vt)	하다	ha-da
fare colazione	아침을 먹다	a-chi-meul meok-da

fare il bagno	수영하다	su-yeong-ha-da
fermarsi (vr)	정지하다	jeong-ji-ha-da
fidarsi (vr)	신뢰하다	sil-loe-ha-da
finire (vt)	끝내다	kkeun-nae-da
firmare (~ un documento)	서명하다	seo-myeong-ha-da

giocare (vi)	놀다	nol-da
girare (~ a destra)	돌다	dol-da
gridare (vi)	소리치다	so-ri-chi-da
indovinare (vt)	추측하다	chu-cheuk-a-da
informare (vt)	알리다	al-li-da

ingannare (vt)	속이다	so-gi-da
insistere (vi)	주장하다	ju-jang-ha-da
insultare (vt)	모욕하다	mo-yok-a-da

interessarsi di …	… 에 관심을 가지다	… e gwan-si-meul ga-ji-da
invitare (vt)	초대하다	cho-dae-ha-da

lamentarsi (vr)	불평하다	bul-pyeong-ha-da
lasciar cadere	떨어뜨리다	tteo-reo-tteu-ri-da
lavorare (vi)	일하다	il-ha-da
leggere (vi, vt)	읽다	ik-da
liberare (vt)	해방하다	hae-bang-ha-da

15. I verbi più importanti. Parte 3

mancare le lezioni	결석하다	gyeol-seok-a-da
mandare (vt)	보내다	bo-nae-da
menzionare (vt)	언급하다	eon-geu-pa-da
minacciare (vt)	협박하다	hyeop-bak-a-da
mostrare (vt)	보여주다	bo-yeo-ju-da
nascondere (vt)	숨기다	sum-gi-da
nuotare (vi)	수영하다	su-yeong-ha-da
obiettare (vt)	반대하다	ban-dae-ha-da
occorrere (vimp)	필요하다	pi-ryo-ha-da
ordinare (~ il pranzo)	주문하다	ju-mun-ha-da
ordinare (mil.)	명령하다	myeong-nyeong-ha-da
osservare (vt)	지켜보다	ji-kyeo-bo-da
pagare (vi, vt)	지불하다	ji-bul-ha-da
parlare (vi, vt)	말하다	mal-ha-da
partecipare (vi)	참가하다	cham-ga-ha-da
pensare (vi, vt)	생각하다	saeng-gak-a-da
perdonare (vt)	용서하다	yong-seo-ha-da
permettere (vt)	허가하다	heo-ga-ha-da
piacere (vi)	좋아하다	jo-a-ha-da
piangere (vi)	울다	ul-da
pianificare (vt)	계획하다	gye-hoek-a-da
possedere (vt)	소유하다	so-yu-ha-da
potere (v aus)	할 수 있다	hal su it-da
pranzare (vi)	점심을 먹다	jeom-si-meul meok-da
preferire (vt)	선호하다	seon-ho-ha-da
pregare (vi, vt)	기도하다	gi-do-ha-da
prendere (vt)	잡다	jap-da
prevedere (vt)	예상하다	ye-sang-ha-da
promettere (vt)	약속하다	yak-sok-a-da
pronunciare (vt)	발음하다	ba-reum-ha-da
proporre (vt)	제안하다	je-an-ha-da
punire (vt)	처벌하다	cheo-beol-ha-da
raccomandare (vt)	추천하다	chu-cheon-ha-da
ridere (vi)	웃다	ut-da
rifiutarsi (vr)	거절하다	geo-jeol-ha-da
rincrescere (vi)	후회하다	hu-hoe-ha-da
ripetere (ridire)	반복하다	ban-bok-a-da
riservare (vt)	예약하다	ye-yak-a-da
rispondere (vi, vt)	대답하다	dae-da-pa-da
rompere (spaccare)	깨뜨리다	kkae-tteu-ri-da
rubare (~ i soldi)	훔치다	hum-chi-da

16. I verbi più importanti. Parte 4

salvare (~ la vita a qn)	구조하다	gu-jo-ha-da
sapere (vt)	알다	al-da
sbagliare (vi)	실수하다	sil-su-ha-da
scavare (vt)	파다	pa-da
scegliere (vt)	선택하다	seon-taek-a-da
scendere (vi)	내려오다	nae-ryeo-o-da
scherzare (vi)	농담하다	nong-dam-ha-da
scrivere (vt)	쓰다	sseu-da
scusarsi (vr)	사과하다	sa-gwa-ha-da
sedersi (vr)	앉다	an-da
seguire (vt)	… 를 따라가다	… reul tta-ra-ga-da
sgridare (vt)	꾸짖다	kku-jit-da
significare (vt)	의미하다	ui-mi-ha-da
sorridere (vi)	미소를 짓다	mi-so-reul jit-da
sottovalutare (vt)	과소평가하다	gwa-so-pyeong-ga-ha-da
sparare (vi)	쏘다	sso-da
sperare (vi, vt)	희망하다	hui-mang-ha-da
spiegare (vt)	설명하다	seol-myeong-ha-da
studiare (vt)	공부하다	gong-bu-ha-da
stupirsi (vr)	놀라다	nol-la-da
tacere (vi)	침묵을 지키다	chim-mu-geul ji-ki-da
tentare (vt)	해보다	hae-bo-da
toccare (~ con le mani)	닳다	da-ta
tradurre (vt)	번역하다	beo-nyeok-a-da
trovare (vt)	찾다	chat-da
uccidere (vt)	죽이다	ju-gi-da
udire (percepire suoni)	듣다	deut-da
unire (vt)	연합하다	yeon-ha-pa-da
uscire (vi)	나가다	na-ga-da
vantarsi (vr)	자랑하다	ja-rang-ha-da
vedere (vt)	보다	bo-da
vendere (vt)	팔다	pal-da
volare (vi)	날다	nal-da
volere (desiderare)	원하다	won-ha-da

ORARIO. CALENDARIO

T&P Books Publishing

17. Giorni della settimana

lunedì (m)	월요일	wo-ryo-il
martedì (m)	화요일	hwa-yo-il
mercoledì (m)	수요일	su-yo-il
giovedì (m)	목요일	mo-gyo-il
venerdì (m)	금요일	geu-myo-il
sabato (m)	토요일	to-yo-il
domenica (f)	일요일	i-ryo-il
oggi (avv)	오늘	o-neul
domani	내일	nae-il
dopodomani	모레	mo-re
ieri (avv)	어제	eo-je
l'altro ieri	그저께	geu-jeo-kke
giorno (m)	낮	nat
giorno (m) lavorativo	근무일	geun-mu-il
giorno (m) festivo	공휴일	gong-hyu-il
giorno (m) di riposo	휴일	hyu-il
fine (m) settimana	주말	ju-mal
tutto il giorno	하루종일	ha-ru-jong-il
l'indomani	다음날	da-eum-nal
due giorni fa	이틀 전	i-teul jeon
il giorno prima	전날	jeon-nal
quotidiano (agg)	일간의	il-ga-nui
ogni giorno	매일	mae-il
settimana (f)	주	ju
la settimana scorsa	지난 주에	ji-nan ju-e
la settimana prossima	다음 주에	da-eum ju-e
settimanale (agg)	주간의	ju-ga-nui
ogni settimana	매주	mae-ju
due volte alla settimana	일주일에 두번	il-ju-i-re du-beon
ogni martedì	매주 화요일	mae-ju hwa-yo-il

18. Ore. Giorno e notte

mattina (f)	아침	a-chim
di mattina	아침에	a-chim-e
mezzogiorno (m)	정오	jeong-o
nel pomeriggio	오후에	o-hu-e
sera (f)	저녁	jeo-nyeok

di sera	저녁에	jeo-nyeo-ge
notte (f)	밤	bam
di notte	밤에	bam-e
mezzanotte (f)	자정	ja-jeong

secondo (m)	초	cho
minuto (m)	분	bun
ora (f)	시	si
mezzora (f)	반시간	ban-si-gan
un quarto d'ora	십오분	si-bo-bun
quindici minuti	십오분	si-bo-bun
ventiquattro ore	이십사시간	i-sip-sa-si-gan

levata (f) del sole	일출	il-chul
alba (f)	새벽	sae-byeok
mattutino (m)	이른 아침	i-reun a-chim
tramonto (m)	저녁 노을	jeo-nyeok no-eul

di buon mattino	이른 아침에	i-reun a-chim-e
stamattina	오늘 아침에	o-neul ra-chim-e
domattina	내일 아침에	nae-il ra-chim-e

oggi pomeriggio	오늘 오후에	o-neul ro-hu-e
nel pomeriggio	오후에	o-hu-e
domani pomeriggio	내일 오후에	nae-il ro-hu-e

| stasera | 오늘 저녁에 | o-neul jeo-nyeo-ge |
| domani sera | 내일 밤에 | nae-il bam-e |

alle tre precise	3시 정각에	se-si jeong-ga-ge
verso le quattro	4시쯤에	ne-si-jjeu-me
per le dodici	12시까지	yeoldu si-kka-ji

fra venti minuti	20분 안에	isib-bun na-ne
fra un'ora	한 시간 안에	han si-gan na-ne
puntualmente	제시간에	je-si-gan-e

un quarto di ...	... 십오 분	... si-bo bun
entro un'ora	한 시간 내에	han si-gan nae-e
ogni quindici minuti	15분 마다	sibo-bun ma-da
giorno e notte	하루종일	ha-ru-jong-il

19. Mesi. Stagioni

gennaio (m)	일월	i-rwol
febbraio (m)	이월	i-wol
marzo (m)	삼월	sam-wol
aprile (m)	사월	sa-wol
maggio (m)	오월	o-wol
giugno (m)	유월	yu-wol

luglio (m)	칠월	chi-rwol
agosto (m)	팔월	pa-rwol
settembre (m)	구월	gu-wol
ottobre (m)	시월	si-wol
novembre (m)	십일월	si-bi-rwol
dicembre (m)	십이월	si-bi-wol

primavera (f)	봄	bom
in primavera	봄에	bom-e
primaverile (agg)	봄의	bom-ui

estate (f)	여름	yeo-reum
in estate	여름에	yeo-reum-e
estivo (agg)	여름의	yeo-reu-mui

autunno (m)	가을	ga-eul
in autunno	가을에	ga-eu-re
autunnale (agg)	가을의	ga-eu-rui

inverno (m)	겨울	gyeo-ul
in inverno	겨울에	gyeo-u-re
invernale (agg)	겨울의	gyeo-ul

mese (m)	월, 달	wol, dal
questo mese	이번 달에	i-beon da-re
il mese prossimo	다음 달에	da-eum da-re
il mese scorso	지난 달에	ji-nan da-re

un mese fa	한달 전에	han-dal jeon-e
fra un mese	한 달 안에	han dal ra-ne
fra due mesi	두 달 안에	du dal ra-ne
un mese intero	한 달 내내	han dal lae-nae
per tutto il mese	한달간 내내	han-dal-gan nae-nae

mensile (rivista ~)	월간의	wol-ga-nui
mensilmente	매월, 매달	mae-wol, mae-dal
ogni mese	매달	mae-dal
due volte al mese	한 달에 두 번	han da-re du beon

anno (m)	년	nyeon
quest'anno	올해	ol-hae
l'anno prossimo	내년	nae-nyeon
l'anno scorso	작년	jang-nyeon

un anno fa	일년 전	il-lyeon jeon
fra un anno	일 년 안에	il lyeon na-ne
fra due anni	이 년 안에	i nyeon na-ne
un anno intero	한 해 전체	han hae jeon-che
per tutto l'anno	일년 내내	il-lyeon nae-nae

| ogni anno | 매년 | mae-nyeon |
| annuale (agg) | 연간의 | yeon-ga-nui |

annualmente	매년	mae-nyeon
quattro volte all'anno	일년에 네 번	il-lyeon-e ne beon
data (f) (~ di oggi)	날짜	nal-jja
data (f) (~ di nascita)	월일	wo-ril
calendario (m)	달력	dal-lyeok
mezz'anno (m)	반년	ban-nyeon
semestre (m)	육개월	yuk-gae-wol
stagione (f) (estate, ecc.)	계절	gye-jeol
secolo (m)	세기	se-gi

T&P BOOKS

VIAGGIO. HOTEL

USD CAD
EUR CHF
JPY HKD
GBP CNY

RECEPTION

T&P Books Publishing

20. Escursione. Viaggio

turismo (m)	관광	gwan-gwang
turista (m)	관광객	gwan-gwang-gaek
viaggio (m) (all'estero)	여행	yeo-haeng
avventura (f)	모험	mo-heom
viaggio (m) (corto)	여행	yeo-haeng
vacanza (f)	휴가	hyu-ga
essere in vacanza	휴가 중이다	hyu-ga jung-i-da
riposo (m)	휴양	hyu-yang
treno (m)	기차	gi-cha
in treno	기차로	gi-cha-ro
aereo (m)	비행기	bi-haeng-gi
in aereo	비행기로	bi-haeng-gi-ro
in macchina	자동차로	ja-dong-cha-ro
in nave	배로	bae-ro
bagaglio (m)	짐, 수하물	jim, su-ha-mul
valigia (f)	여행 가방	yeo-haeng ga-bang
carrello (m)	수하물 카트	su-ha-mul ka-teu
passaporto (m)	여권	yeo-gwon
visto (m)	비자	bi-ja
biglietto (m)	표	pyo
biglietto (m) aereo	비행기표	bi-haeng-gi-pyo
guida (f)	여행 안내서	yeo-haeng an-nae-seo
carta (f) geografica	지도	ji-do
località (f)	지역	ji-yeok
luogo (m)	곳	got
ogetti (m pl) esotici	이국	i-guk
esotico (agg)	이국적인	i-guk-jeo-gin
sorprendente (agg)	놀라운	nol-la-un
gruppo (m)	무리	mu-ri
escursione (f)	견학, 관광	gyeon-hak, gwan-gwang
guida (f) (cicerone)	가이드	ga-i-deu

21. Hotel

albergo, hotel (m)	호텔	ho-tel
motel (m)	모텔	mo-tel

tre stelle	3성급	sam-seong-geub
cinque stelle	5성급	o-seong-geub
alloggiare (vi)	머무르다	meo-mu-reu-da
camera (f)	객실	gaek-sil
camera (f) singola	일인실	i-rin-sil
camera (f) doppia	더블룸	deo-beul-lum
prenotare una camera	방을 예약하다	bang-eul rye-yak-a-da
mezza pensione (f)	하숙	ha-suk
pensione (f) completa	식사 제공	sik-sa je-gong
con bagno	욕조가 있는	yok-jo-ga in-neun
con doccia	샤워가 있는	sya-wo-ga in-neun
televisione (f) satellitare	위성 텔레비전	wi-seong tel-le-bi-jeon
condizionatore (m)	에어컨	e-eo-keon
asciugamano (m)	수건	su-geon
chiave (f)	열쇠	yeol-soe
amministratore (m)	관리자	gwal-li-ja
cameriera (f)	객실 청소부	gaek-sil cheong-so-bu
portabagagli (m)	포터	po-teo
portiere (m)	도어맨	do-eo-maen
ristorante (m)	레스토랑	re-seu-to-rang
bar (m)	바	ba
colazione (f)	아침식사	a-chim-sik-sa
cena (f)	저녁식사	jeo-nyeok-sik-sa
buffet (m)	뷔페	bwi-pe
hall (f) (atrio d'ingresso)	로비	ro-bi
ascensore (m)	엘리베이터	el-li-be-i-teo
NON DISTURBARE	방해하지 마세요	bang-hae-ha-ji ma-se-yo
VIETATO FUMARE!	금연	geu-myeon

22. Visita turistica

monumento (m)	기념비	gi-nyeom-bi
fortezza (f)	요새	yo-sae
palazzo (m)	궁전	gung-jeon
castello (m)	성	seong
torre (f)	탑	tap
mausoleo (m)	영묘	yeong-myo
architettura (f)	건축	geon-chuk
medievale (agg)	중세의	jung-se-ui
antico (agg)	고대의	go-dae-ui
nazionale (agg)	국가의	guk-ga-ui
famoso (agg)	유명한	yu-myeong-han

turista (m)	관광객	gwan-gwang-gaek
guida (f)	가이드	ga-i-deu
escursione (f)	견학, 관광	gyeon-hak, gwan-gwang
fare vedere	보여주다	bo-yeo-ju-da
raccontare (vt)	이야기하다	i-ya-gi-ha-da
trovare (vt)	찾다	chat-da
perdersi (vr)	길을 잃다	gi-reul ril-ta
mappa (f)	노선도	no-seon-do
(~ della metropolitana)		
piantina (f) (~ della città)	지도	ji-do
souvenir (m)	기념품	gi-nyeom-pum
negozio (m) di articoli	기념품 가게	gi-nyeom-pum ga-ge
da regalo		
fare foto	사진을 찍다	sa-ji-neul jjik-da
fotografarsi	사진을 찍다	sa-ji-neul jjik-da

MEZZI DI TRASPORTO

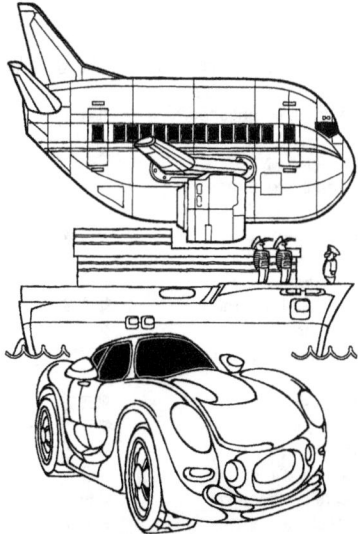

T&P Books Publishing

23. Aeroporto

aeroporto (m)	공항	gong-hang
aereo (m)	비행기	bi-haeng-gi
compagnia (f) aerea	항공사	hang-gong-sa
controllore (m) di volo	관제사	gwan-je-sa
partenza (f)	출발	chul-bal
arrivo (m)	도착	do-chak
arrivare (vi)	도착하다	do-chak-a-da
ora (f) di partenza	출발시간	chul-bal-si-gan
ora (f) di arrivo	도착시간	do-chak-si-gan
essere ritardato	연기되다	yeon-gi-doe-da
volo (m) ritardato	항공기 지연	hang-gong-gi ji-yeon
tabellone (m) orari	안내 전광판	an-nae jeon-gwang-pan
informazione (f)	정보	jeong-bo
annunciare (vt)	알리다	al-li-da
volo (m)	비행편	bi-haeng-pyeon
dogana (f)	세관	se-gwan
doganiere (m)	세관원	se-gwan-won
dichiarazione (f)	세관신고서	se-gwan-sin-go-seo
riempire una dichiarazione	세관 신고서를 작성하다	se-gwan sin-go-seo-reul jak-seong-ha-da
controllo (m) passaporti	여권 검사	yeo-gwon geom-sa
bagaglio (m)	짐, 수하물	jim, su-ha-mul
bagaglio (m) a mano	휴대 가능 수하물	hyu-dae ga-neung su-ha-mul
carrello (m)	수하물 카트	su-ha-mul ka-teu
atterraggio (m)	착륙	chang-nyuk
pista (f) di atterraggio	활주로	hwal-ju-ro
atterrare (vi)	착륙하다	chang-nyuk-a-da
scaletta (f) dell'aereo	승강계단	seung-gang-gye-dan
check-in (m)	체크인	che-keu-in
banco (m) del check-in	체크인 카운터	che-keu-in ka-un-teo
fare il check-in	체크인하다	che-keu-in-ha-da
carta (f) d'imbarco	탑승권	tap-seung-gwon
porta (f) d'imbarco	탑승구	tap-seung-gu
transito (m)	트랜짓, 환승	teu-raen-sit, hwan-seung

aspettare (vt)	기다리다	gi-da-ri-da
sala (f) d'attesa	공항 라운지	gong-hang na-un-ji
accompagnare (vt)	배웅하다	bae-ung-ha-da
congedarsi (vr)	작별인사를 하다	jak-byeo-rin-sa-reul ha-da

24. Aeroplano

aereo (m)	비행기	bi-haeng-gi
biglietto (m) aereo	비행기표	bi-haeng-gi-pyo
compagnia (f) aerea	항공사	hang-gong-sa
aeroporto (m)	공항	gong-hang
supersonico (agg)	초음속의	cho-eum-so-gui
pilota (m)	비행사	bi-haeng-sa
hostess (f)	승무원	seung-mu-won
navigatore (m)	항법사	hang-beop-sa
ali (f pl)	날개	nal-gae
coda (f)	꼬리	kko-ri
cabina (f)	조종석	jo-jong-seok
motore (m)	엔진	en-jin
carrello (m) d'atterraggio	착륙 장치	chang-nyuk jang-chi
turbina (f)	터빈	teo-bin
elica (f)	추진기	chu-jin-gi
scatola (f) nera	블랙박스	beul-laek-bak-seu
barra (f) di comando	조종간	jo-jong-gan
combustibile (m)	연료	yeol-lyo
safety card (f)	안전 안내서	an-jeon an-nae-seo
maschera (f) ad ossigeno	산소 마스크	san-so ma-seu-keu
uniforme (f)	제복	je-bok
giubbotto (m) di salvataggio	구명조끼	gu-myeong-jo-kki
paracadute (m)	낙하산	nak-a-san
decollo (m)	이륙	i-ryuk
decollare (vi)	이륙하다	i-ryuk-a-da
pista (f) di decollo	활주로	hwal-ju-ro
visibilità (f)	시계	si-gye
volo (m)	비행	bi-haeng
altitudine (f)	고도	go-do
vuoto (m) d'aria	에어 포켓	e-eo po-ket
posto (m)	자리	ja-ri
cuffia (f)	헤드폰	he-deu-pon
tavolinetto (m) pieghevole	접는 테이블	jeom-neun te-i-beul
oblò (m), finestrino (m)	창문	chang-mun
corridoio (m)	통로	tong-no

25. Treno

treno (m)	기차, 열차	gi-cha, nyeol-cha
elettrotreno (m)	통근 열차	tong-geun nyeol-cha
treno (m) rapido	급행 열차	geu-paeng yeol-cha
locomotiva (f) diesel	디젤 기관차	di-jel gi-gwan-cha
locomotiva (f) a vapore	증기 기관차	jeung-gi gi-gwan-cha
carrozza (f)	객차	gaek-cha
vagone (m) ristorante	식당차	sik-dang-cha
rotaie (f pl)	레일	re-il
ferrovia (f)	철도	cheol-do
traversa (f)	침목	chim-mok
banchina (f) (~ ferroviaria)	플랫폼	peul-laet-pom
binario (m) (~ 1, 2)	길	gil
semaforo (m)	신호기	sin-ho-gi
stazione (f)	역	yeok
macchinista (m)	기관사	gi-gwan-sa
portabagagli (m)	포터	po-teo
cuccettista (m, f)	차장	cha-jang
passeggero (m)	승객	seung-gaek
controllore (m)	검표원	geom-pyo-won
corridoio (m)	통로	tong-no
freno (m) di emergenza	비상 브레이크	bi-sang beu-re-i-keu
scompartimento (m)	침대차	chim-dae-cha
cuccetta (f)	침대	chim-dae
cuccetta (f) superiore	윗침대	wit-chim-dae
cuccetta (f) inferiore	아래 침대	a-rae chim-dae
biancheria (f) da letto	침구	chim-gu
biglietto (m)	표	pyo
orario (m)	시간표	si-gan-pyo
tabellone (m) orari	안내 전광판	an-nae jeon-gwang-pan
partire (vi)	떠난다	tteo-na-da
partenza (f)	출발	chul-bal
arrivare (di un treno)	도착하다	do-chak-a-da
arrivo (m)	도착	do-chak
arrivare con il treno	기차로 도착하다	gi-cha-ro do-chak-a-da
salire sul treno	기차에 타다	gi-cha-e ta-da
scendere dal treno	기차에서 내리다	gi-cha-e-seo nae-ri-da
deragliamento (m)	기차 사고	gi-cha sa-go
locomotiva (f) a vapore	증기 기관차	jeung-gi gi-gwan-cha
fuochista (m)	화부	hwa-bu

| forno (m) | 화실 | hwa-sil |
| carbone (m) | 석탄 | seok-tan |

26. Nave

| nave (f) | 배 | bae |
| imbarcazione (f) | 배 | bae |

piroscafo (m)	증기선	jeung-gi-seon
barca (f) fluviale	강배	gang-bae
transatlantico (m)	크루즈선	keu-ru-jeu-seon
incrociatore (m)	순양함	su-nyang-ham

| yacht (m) | 요트 | yo-teu |
| rimorchiatore (m) | 예인선 | ye-in-seon |

| veliero (m) | 범선 | beom-seon |
| brigantino (m) | 쌍돛대 범선 | ssang-dot-dae beom-seon |

| rompighiaccio (m) | 쇄빙선 | swae-bing-seon |
| sottomarino (m) | 잠수함 | jam-su-ham |

barca (f)	보트	bo-teu
scialuppa (f)	종선	jong-seon
scialuppa (f) di salvataggio	구조선	gu-jo-seon
motoscafo (m)	모터보트	mo-teo-bo-teu

capitano (m)	선장	seon-jang
marittimo (m)	수부	su-bu
marinaio (m)	선원	seon-won
equipaggio (m)	승무원	seung-mu-won

nostromo (m)	갑판장	gap-pan-jang
cuoco (m)	요리사	yo-ri-sa
medico (m) di bordo	선의	seon-ui

ponte (m)	갑판	gap-pan
albero (m)	돛대	dot-dae
vela (f)	돛	dot

stiva (f)	화물칸	hwa-mul-kan
prua (f)	이물	i-mul
poppa (f)	고물	go-mul
remo (m)	노	no
elica (f)	스크루	seu-keu-ru

cabina (f)	선실	seon-sil
quadrato (m) degli ufficiali	사관실	sa-gwan-sil
sala (f) macchine	엔진실	en-jin-sil
cabina (f) radiotelegrafica	무전실	mu-jeon-sil

onda (f)	전파	jeon-pa
cannocchiale (m)	망원경	mang-won-gyeong
campana (f)	종	jong
bandiera (f)	기	gi
cavo (m) (~ d'ormeggio)	밧줄	bat-jul
nodo (m)	매듭	mae-deup
ringhiera (f)	난간	nan-gan
passerella (f)	사다리	sa-da-ri
ancora (f)	닻	dat
levare l'ancora	닻을 올리다	da-cheul rol-li-da
gettare l'ancora	닻을 내리다	da-cheul lae-ri-da
catena (f) dell'ancora	닻줄	dat-jul
porto (m)	항구	hang-gu
banchina (f)	부두	bu-du
ormeggiarsi (vr)	정박시키다	jeong-bak-si-ki-da
salpare (vi)	출항하다	chul-hang-ha-da
viaggio (m)	여행	yeo-haeng
crociera (f)	크루즈	keu-ru-jeu
rotta (f)	항로	hang-no
itinerario (m)	노선	no-seon
tratto (m) navigabile	항로	hang-no
secca (f)	얕은 곳	ya-teun got
arenarsi (vr)	좌초하다	jwa-cho-ha-da
tempesta (f)	폭풍우	pok-pung-u
segnale (m)	신호	sin-ho
affondare (andare a fondo)	가라앉다	ga-ra-an-da
SOS	조난 신호	jo-nan sin-ho
salvagente (m) anulare	구명부환	gu-myeong-bu-hwan

T&P BOOKS

CITTÀ

T&P Books Publishing

autobus (m)	버스	beo-seu
tram (m)	전차	jeon-cha
filobus (m)	트롤리 버스	teu-rol-li beo-seu
itinerario (m)	노선	no-seon
numero (m)	번호	beon-ho
andare in ...	··· 타고 가다	... ta-go ga-da
salire (~ sull'autobus)	타다	ta-da
scendere da ...	··· 에서 내리다	... e-seo nae-ri-da
fermata (f) (~ dell'autobus)	정류장	jeong-nyu-jang
prossima fermata (f)	다음 정류장	da-eum jeong-nyu-jang
capolinea (m)	종점	jong-jeom
orario (m)	시간표	si-gan-pyo
aspettare (vt)	기다리다	gi-da-ri-da
biglietto (m)	표	pyo
prezzo (m) del biglietto	요금	yo-geum
cassiere (m)	계산원	gye-san-won
controllo (m) dei biglietti	검표	geom-pyo
bigliettaio (m)	검표원	geom-pyo-won
essere in ritardo	··· 시간에 늦다	... si-gan-e neut-da
perdere (~ il treno)	놓치다	no-chi-da
avere fretta	서두르다	seo-du-reu-da
taxi (m)	택시	taek-si
taxista (m)	택시 운전 기사	taek-si un-jeon gi-sa
in taxi	택시로	taek-si-ro
parcheggio (m) di taxi	택시 정류장	taek-si jeong-nyu-jang
chiamare un taxi	택시를 부르다	taek-si-reul bu-reu-da
prendere un taxi	택시를 타다	taek-si-reul ta-da
traffico (m)	교통	gyo-tong
ingorgo (m)	교통 체증	gyo-tong che-jeung
ore (f pl) di punta	러시 아워	reo-si a-wo
parcheggiarsi (vr)	주차하다	ju-cha-ha-da
parcheggiare (vt)	주차하다	ju-cha-ha-da
parcheggio (m)	주차장	ju-cha-jang
metropolitana (f)	지하철	ji-ha-cheol
stazione (f)	역	yeok
prendere la metropolitana	지하철을 타다	ji-ha-cheo-reul ta-da

treno (m)	기차	gi-cha
stazione (f) ferroviaria	기차역	gi-cha-yeok

28. Città. Vita di città

città (f)	도시	do-si
capitale (f)	수도	su-do
villaggio (m)	마을	ma-eul

mappa (f) della città	도시 지도	do-si ji-do
centro (m) della città	시내	si-nae
sobborgo (m)	근교	geun-gyo
suburbano (agg)	근교의	geun-gyo-ui

dintorni (m pl)	주변	ju-byeon
isolato (m)	한 구획	han gu-hoek
quartiere residenziale	동	dong

traffico (m)	교통	gyo-tong
semaforo (m)	신호등	sin-ho-deung
trasporti (m pl) urbani	대중교통	dae-jung-gyo-tong
incrocio (m)	교차로	gyo-cha-ro

passaggio (m) pedonale	횡단 보도	hoeng-dan bo-do
sottopassaggio (m)	지하 보도	ji-ha bo-do
attraversare (vt)	건너가다	geon-neo-ga-da
pedone (m)	보행자	bo-haeng-ja
marciapiede (m)	인도	in-do

ponte (m)	다리	da-ri
banchina (f)	강변로	gang-byeon-no

vialetto (m)	길	gil
parco (m)	공원	gong-won
boulevard (m)	대로	dae-ro
piazza (f)	광장	gwang-jang
viale (m), corso (m)	가로	ga-ro
via (f), strada (f)	거리	geo-ri
vicolo (m)	골목	gol-mok
vicolo (m) cieco	막다른길	mak-da-reun-gil

casa (f)	집	jip
edificio (m)	빌딩	bil-ding
grattacielo (m)	고층 건물	go-cheung geon-mul

facciata (f)	전면	jeon-myeon
tetto (m)	지붕	ji-bung
finestra (f)	창문	chang-mun
arco (m)	아치	a-chi
colonna (f)	기둥	gi-dung

angolo (m)	모퉁이	mo-tung-i
vetrina (f)	쇼윈도우	syo-win-do-u
insegna (f) (di negozi, ecc.)	간판	gan-pan
cartellone (m)	포스터	po-seu-teo
cartellone (m) pubblicitario	광고 포스터	gwang-go po-seu-teo
tabellone (m) pubblicitario	광고판	gwang-go-pan
pattume (m), spazzatura (f)	쓰레기	sseu-re-gi
pattumiera (f)	쓰레기통	sseu-re-gi-tong
discarica (f) di rifiuti	쓰레기장	sseu-re-gi-jang
cabina (f) telefonica	공중 전화	gong-jung jeon-hwa
lampione (m)	가로등	ga-ro-deung
panchina (f)	벤치	ben-chi
poliziotto (m)	경찰관	gyeong-chal-gwan
polizia (f)	경찰	gyeong-chal
mendicante (m)	거지	geo-ji
barbone (m)	노숙자	no-suk-ja

29. Servizi cittadini

negozio (m)	가게, 상점	ga-ge, sang-jeom
farmacia (f)	약국	yak-guk
ottica (f)	안경 가게	an-gyeong ga-ge
centro (m) commerciale	쇼핑몰	syo-ping-mol
supermercato (m)	슈퍼마켓	syu-peo-ma-ket
panetteria (f)	빵집	ppang-jip
fornaio (m)	제빵사	je-ppang-sa
pasticceria (f)	제과점	je-gwa-jeom
drogheria (f)	식료품점	sing-nyo-pum-jeom
macelleria (f)	정육점	jeong-yuk-jeom
fruttivendolo (m)	야채 가게	ya-chae ga-ge
mercato (m)	시장	si-jang
caffè (m)	커피숍	keo-pi-syop
ristorante (m)	레스토랑	re-seu-to-rang
birreria (f), pub (m)	바	ba
pizzeria (f)	피자 가게	pi-ja ga-ge
salone (m) di parrucchiere	미장원	mi-jang-won
ufficio (m) postale	우체국	u-che-guk
lavanderia (f) a secco	드라이 클리닝	deu-ra-i keul-li-ning
studio (m) fotografico	사진관	sa-jin-gwan
negozio (m) di scarpe	신발 가게	sin-bal ga-ge
libreria (f)	서점	seo-jeom
negozio (m) sportivo	스포츠용품 매장	seu-po-cheu-yong-pum mae-jang

riparazione (f) di abiti	옷 수선 가게	ot su-seon ga-ge
noleggio (m) di abiti	의류 임대	ui-ryu im-dae
noleggio (m) di film	비디오 대여	bi-di-o dae-yeo
circo (m)	서커스	seo-keo-seu
zoo (m)	동물원	dong-mu-rwon
cinema (m)	영화관	yeong-hwa-gwan
museo (m)	박물관	bang-mul-gwan
biblioteca (f)	도서관	do-seo-gwan
teatro (m)	극장	geuk-jang
teatro (m) dell'opera	오페라극장	o-pe-ra-geuk-jang
locale notturno (m)	나이트 클럽	na-i-teu keul-leop
casinò (m)	카지노	ka-ji-no
moschea (f)	모스크	mo-seu-keu
sinagoga (f)	유대교 회당	yu-dae-gyo hoe-dang
cattedrale (f)	대성당	dae-seong-dang
tempio (m)	사원, 신전	sa-won, sin-jeon
chiesa (f)	교회	gyo-hoe
istituto (m)	단과대학	dan-gwa-dae-hak
università (f)	대학교	dae-hak-gyo
scuola (f)	학교	hak-gyo
prefettura (f)	도, 현	do, hyeon
municipio (m)	시청	si-cheong
albergo, hotel (m)	호텔	ho-tel
banca (f)	은행	eun-haeng
ambasciata (f)	대사관	dae-sa-gwan
agenzia (f) di viaggi	여행사	yeo-haeng-sa
ufficio (m) informazioni	안내소	an-nae-so
ufficio (m) dei cambi	환전소	hwan-jeon-so
metropolitana (f)	지하철	ji-ha-cheol
ospedale (m)	병원	byeong-won
distributore (m) di benzina	주유소	ju-yu-so
parcheggio (m)	주차장	ju-cha-jang

30. Cartelli

insegna (f) (di negozi, ecc.)	간판	gan-pan
iscrizione (f)	안내문	an-nae-mun
cartellone (m)	포스터	po-seu-teo
segnale (m) di direzione	방향표시	bang-hyang-pyo-si
freccia (f)	화살표	hwa-sal-pyo
avvertimento (m)	경고	gyeong-go
avviso (m)	경고판	gyeong-go-pan

avvertire, avvisare (vt)	경고하다	gyeong-go-ha-da
giorno (m) di riposo	휴일	hyu-il
orario (m)	시간표	si-gan-pyo
orario (m) di apertura	영업 시간	yeong-eop si-gan
BENVENUTI!	어서 오세요!	eo-seo o-se-yo!
ENTRATA	입구	ip-gu
USCITA	출구	chul-gu
SPINGERE	미세요	mi-se-yo
TIRARE	당기세요	dang-gi-se-yo
APERTO	열림	yeol-lim
CHIUSO	닫힘	da-chim
DONNE	여성전용	yeo-seong-jeo-nyong
UOMINI	남성	nam-seong-jeo-nyong
SCONTI	할인	ha-rin
SALDI	세일	se-il
NOVITÀ!	신상품	sin-sang-pum
GRATIS	공짜	gong-jja
ATTENZIONE!	주의!	ju-ui!
COMPLETO	빈 방 없음	bin bang eop-seum
RISERVATO	예약석	ye-yak-seok
AMMINISTRAZIONE	관리부	gwal-li-bu
RISERVATO	직원 전용	ji-gwon jeo-nyong
AL PERSONALE		
ATTENTI AL CANE	개조심	gae-jo-sim
VIETATO FUMARE!	금연	geu-myeon
NON TOCCARE	손 대지 마시오!	son dae-ji ma-si-o!
PERICOLOSO	위험	wi-heom
PERICOLO	위험	wi-heom
ALTA TENSIONE	고전압	go-jeon-ap
DIVIETO DI	수영 금지	su-yeong geum-ji
BALNEAZIONE		
GUASTO	수리중	su-ri-jung
INFIAMMABILE	가연성 물자	ga-yeon-seong mul-ja
VIETATO	금지	geum-ji
VIETATO L'INGRESSO	출입 금지	chu-rip geum-ji
VERNICE FRESCA	칠 주의	chil ju-ui

31. Acquisti

comprare (vt)	사다	sa-da
acquisto (m)	구매	gu-mae

fare acquisti	쇼핑하다	syo-ping-ha-da
shopping (m)	쇼핑	syo-ping
essere aperto (negozio)	열리다	yeol-li-da
essere chiuso	닫다	dat-da
calzature (f pl)	신발	sin-bal
abbigliamento (m)	옷	ot
cosmetica (f)	화장품	hwa-jang-pum
alimentari (m pl)	식품	sik-pum
regalo (m)	선물	seon-mul
commesso (m)	판매원	pan-mae-won
commessa (f)	여판매원	yeo-pan-mae-won
cassa (f)	계산대	gye-san-dae
specchio (m)	거울	geo-ul
banco (m)	계산대	gye-san-dae
camerino (m)	탈의실	ta-rui-sil
provare (~ un vestito)	입어보다	i-beo-bo-da
stare bene (vestito)	어울리다	eo-ul-li-da
piacere (vi)	좋아하다	jo-a-ha-da
prezzo (m)	가격	ga-gyeok
etichetta (f) del prezzo	가격표	ga-gyeok-pyo
costare (vt)	값이 … 이다	gap-si … i-da
Quanto?	얼마?	eol-ma?
sconto (m)	할인	ha-rin
no muy caro (agg)	비싸지 않은	bi-ssa-ji a-neun
a buon mercato	싼	ssan
caro (agg)	비싼	bi-ssan
È caro	비쌉니다	bi-ssam-ni-da
noleggio (m)	임대	im-dae
noleggiare (~ un abito)	빌리다	bil-li-da
credito (m)	신용	si-nyong
a credito	신용으로	si-nyong-eu-ro

T&P BOOKS

ABBIGLIAMENTO E ACCESSORI

T&P Books Publishing

32. Indumenti. Soprabiti

vestiti (m pl)	옷	ot
soprabito (m)	겉옷	geo-tot
abiti (m pl) invernali	겨울옷	gyeo-u-rot
cappotto (m)	코트	ko-teu
pelliccia (f)	모피 외투	mo-pi oe-tu
pellicciotto (m)	짧은 모피 외투	jjal-beun mo-pi oe-tu
piumino (m)	패딩점퍼	pae-ding-jeom-peo
giubbotto (m), giaccha (f)	재킷	jae-kit
impermeabile (m)	트렌치코트	teu-ren-chi-ko-teu
impermeabile (agg)	방수의	bang-su-ui

33. Abbigliamento uomo e donna

camicia (f)	셔츠	syeo-cheu
pantaloni (m pl)	바지	ba-ji
jeans (m pl)	청바지	cheong-ba-ji
giacca (f) (~ di tweed)	재킷	jae-kit
abito (m) da uomo	양복	yang-bok
abito (m)	드레스	deu-re-seu
gonna (f)	치마	chi-ma
camicetta (f)	블라우스	beul-la-u-seu
giacca (f) a maglia	니트 재킷	ni-teu jae-kit
giacca (f) tailleur	재킷	jae-kit
maglietta (f)	티셔츠	ti-syeo-cheu
pantaloni (m pl) corti	반바지	ban-ba-ji
tuta (f) sportiva	운동복	un-dong-bok
accappatoio (m)	목욕가운	mo-gyok-ga-un
pigiama (m)	파자마	pa-ja-ma
maglione (m)	스웨터	seu-we-teo
pullover (m)	풀오버	pu-ro-beo
gilè (m)	조끼	jo-kki
frac (m)	연미복	yeon-mi-bok
smoking (m)	턱시도	teok-si-do
uniforme (f)	제복	je-bok
tuta (f) da lavoro	작업복	ja-geop-bok

| salopette (f) | 작업바지 | ja-geop-ba-ji |
| camice (m) (~ del dottore) | 가운 | ga-un |

34. Abbigliamento. Biancheria intima

biancheria (f) intima	속옷	so-got
maglietta (f) intima	러닝 셔츠	reo-ning syeo-cheu
calzini (m pl)	양말	yang-mal

camicia (f) da notte	잠옷	jam-ot
reggiseno (m)	브라	beu-ra
calzini (m pl) alti	무릎길이 스타킹	mu-reup-gi-ri seu-ta-king
collant (m)	팬티 스타킹	paen-ti seu-ta-king
calze (f pl)	밴드 스타킹	baen-deu seu-ta-king
costume (m) da bagno	수영복	su-yeong-bok

35. Copricapo

cappello (m)	모자	mo-ja
cappello (m) di feltro	중절모	jung-jeol-mo
cappello (m) da baseball	야구 모자	ya-gu mo-ja
coppola (f)	플랫캡	peul-laet-kaep

basco (m)	베레모	be-re-mo
cappuccio (m)	후드	hu-deu
panama (m)	파나마 모자	pa-na-ma mo-ja
berretto (m) a maglia	니트 모자	ni-teu mo-ja

| fazzoletto (m) da capo | 스카프 | seu-ka-peu |
| cappellino (m) donna | 여성용 모자 | yeo-seong-yong mo-ja |

casco (m) (~ di sicurezza)	안전모	an-jeon-mo
bustina (f)	개리슨 캡	gae-ri-seun kaep
casco (m) (~ moto)	헬멧	hel-met

36. Calzature

calzature (f pl)	신발	sin-bal
stivaletti (m pl)	구두	gu-du
scarpe (f pl)	구두	gu-du
stivali (m pl)	부츠	bu-cheu
pantofole (f pl)	슬리퍼	seul-li-peo

scarpe (f pl) da tennis	운동화	un-dong-hwa
scarpe (f pl) da ginnastica	스니커즈	seu-ni-keo-jeu
sandali (m pl)	샌들	saen-deul

calzolaio (m)	구둣방	gu-dut-bang
tacco (m)	굽	gup
paio (m)	켤레	kyeol-le

laccio (m)	끈	kkeun
allacciare (vt)	끈을 매다	kkeu-neul mae-da
calzascarpe (m)	구둣주걱	gu-dut-ju-geok
lucido (m) per le scarpe	구두약	gu-du-yak

37. Accessori personali

guanti (m pl)	장갑	jang-gap
manopole (f pl)	벙어리장갑	beong-eo-ri-jang-gap
sciarpa (f)	목도리	mok-do-ri

occhiali (m pl)	안경	an-gyeong
montatura (f)	안경테	an-gyeong-te
ombrello (m)	우산	u-san
bastone (m)	지팡이	ji-pang-i
spazzola (f) per capelli	빗, 솔빗	bit, sol-bit
ventaglio (m)	부채	bu-chae

cravatta (f)	넥타이	nek-ta-i
cravatta (f) a farfalla	나비넥타이	na-bi-nek-ta-i
bretelle (f pl)	멜빵	mel-ppang
fazzoletto (m)	손수건	son-su-geon

pettine (m)	빗	bit
fermaglio (m)	머리핀	meo-ri-pin
forcina (f)	머리핀	meo-ri-pin
fibbia (f)	버클	beo-keul

| cintura (f) | 벨트 | bel-teu |
| spallina (f) | 어깨끈 | eo-kkae-kkeun |

borsa (f)	가방	ga-bang
borsetta (f)	핸드백	haen-deu-baek
zaino (m)	배낭	bae-nang

38. Abbigliamento. Varie

moda (f)	패션	pae-syeon
di moda	유행하는	yu-haeng-ha-neun
stilista (m)	패션 디자이너	pae-syeon di-ja-i-neo

collo (m)	옷깃	ot-git
tasca (f)	주머니, 포켓	ju-meo-ni, po-ket
tascabile (agg)	주머니의	ju-meo-ni-ui

manica (f)	소매	so-mae
asola (f) per appendere	거는 끈	geo-neun kkeun
patta (f) (~ dei pantaloni)	바지 지퍼	ba-ji ji-peo
cerniera (f) lampo	지퍼	ji-peo
chiusura (f)	조임쇠	jo-im-soe
bottone (m)	단추	dan-chu
occhiello (m)	단춧 구멍	dan-chut gu-meong
staccarsi (un bottone)	떨어지다	tteo-reo-ji-da
cucire (vi, vt)	바느질하다	ba-neu-jil-ha-da
ricamare (vi, vt)	수놓다	su-no-ta
ricamo (m)	자수	ja-su
ago (m)	바늘	ba-neul
filo (m)	실	sil
cucitura (f)	솔기	sol-gi
sporcarsi (vr)	더러워지다	deo-reo-wo-ji-da
macchia (f)	얼룩	eol-luk
sgualcirsi (vr)	구겨지다	gu-gyeo-ji-da
strappare (vt)	찢다	jjit-da
tarma (f)	좀	jom

39. Cura della persona. Cosmetici

dentifricio (m)	치약	chi-yak
spazzolino (m) da denti	칫솔	chit-sol
lavarsi i denti	이를 닦다	i-reul dak-da
rasoio (m)	면도기	myeon-do-gi
crema (f) da barba	면도용 크림	myeon-do-yong keu-rim
rasarsi (vr)	깎다	kkak-da
sapone (m)	비누	bi-nu
shampoo (m)	샴푸	syam-pu
forbici (f pl)	가위	ga-wi
limetta (f)	손톱줄	son-top-jul
tagliaunghie (m)	손톱깎이	son-top-kka-kki
pinzette (f pl)	족집게	jok-jip-ge
cosmetica (f)	화장품	hwa-jang-pum
maschera (f) di bellezza	얼굴 마스크	eol-gul ma-seu-keu
manicure (m)	매니큐어	mae-ni-kyu-eo
fare la manicure	매니큐어를 칠하다	mae-ni-kyu-eo-reul chil-ha-da
pedicure (m)	페디큐어	pe-di-kyu-eo
borsa (f) del trucco	화장품 가방	hwa-jang-pum ga-bang
cipria (f)	분	bun

portacipria (m)	콤팩트	kom-paek-teu
fard (m)	블러셔	beul-leo-syeo
profumo (m)	향수	hyang-su
acqua (f) da toeletta	화장수	hwa-jang-su
lozione (f)	로션	ro-syeon
acqua (f) di Colonia	오드콜로뉴	o-deu-kol-lo-nyu
ombretto (m)	아이섀도	a-i-syae-do
eyeliner (m)	아이라이너	a-i-ra-i-neo
mascara (m)	마스카라	ma-seu-ka-ra
rossetto (m)	립스틱	rip-seu-tik
smalto (m)	매니큐어	mae-ni-kyu-eo
lacca (f) per capelli	헤어 스프레이	he-eo seu-peu-re-i
deodorante (m)	데오도란트	de-o-do-ran-teu
crema (f)	크림	keu-rim
crema (f) per il viso	얼굴 크림	eol-gul keu-rim
crema (f) per le mani	핸드 크림	haen-deu keu-rim
crema (f) antirughe	주름제거 크림	ju-reum-je-geo keu-rim
da giorno	낮의	na-jui
da notte	밤의	ba-mui
tampone (m)	탐폰	tam-pon
carta (f) igienica	화장지	hwa-jang-ji
fon (m)	헤어 드라이어	he-eo deu-ra-i-eo

40. Orologi da polso. Orologio

orologio (m) (~ da polso)	손목 시계	son-mok si-gye
quadrante (m)	문자반	mun-ja-ban
lancetta (f)	바늘	ba-neul
braccialetto (m)	금속제 시계줄	geum-sok-je si-gye-jul
cinturino (m)	시계줄	si-gye-jul
pila (f)	건전지	geon-jeon-ji
essere scarico	나가다	na-ga-da
cambiare la pila	배터리를 갈다	bae-teo-ri-reul gal-da
andare avanti	빨리 가다	ppal-li ga-da
andare indietro	늦게 가다	neut-ge ga-da
orologio (m) da muro	벽시계	byeok-si-gye
clessidra (f)	모래시계	mo-rae-si-gye
orologio (m) solare	해시계	hae-si-gye
sveglia (f)	알람 시계	al-lam si-gye
orologiaio (m)	시계 기술자	si-gye gi-sul-ja
riparare (vt)	수리하다	su-ri-ha-da

L'ESPERIENZA QUOTIDIANA

41. Denaro

soldi (m pl)	돈	don
cambio (m)	환전	hwan-jeon
corso (m) di cambio	환율	hwa-nyul
bancomat (m)	현금 자동 지급기	hyeon-geum ja-dong ji-geup-gi
moneta (f)	동전	dong-jeon
dollaro (m)	달러	dal-leo
euro (m)	유로	yu-ro
lira (f)	리라	ri-ra
marco (m)	마르크	ma-reu-keu
franco (m)	프랑	peu-rang
sterlina (f)	파운드	pa-un-deu
yen (m)	엔	en
debito (m)	빚	bit
debitore (m)	채무자	chae-mu-ja
prestare (~ i soldi)	빌려주다	bil-lyeo-ju-da
prendere in prestito	빌리다	bil-li-da
banca (f)	은행	eun-haeng
conto (m)	계좌	gye-jwa
versare sul conto	계좌에 입금하다	ip-geum-ha-da
prelevare dal conto	출금하다	chul-geum-ha-da
carta (f) di credito	신용 카드	si-nyong ka-deu
contanti (m pl)	현금	hyeon-geum
assegno (m)	수표	su-pyo
emettere un assegno	수표를 끊다	su-pyo-reul kkeun-ta
libretto (m) di assegni	수표책	su-pyo-chaek
portafoglio (m)	지갑	ji-gap
borsellino (m)	동전지갑	dong-jeon-ji-gap
cassaforte (f)	금고	geum-go
erede (m)	상속인	sang-so-gin
eredità (f)	유산	yu-san
fortuna (f)	재산, 큰돈	jae-san, keun-don
affitto (m), locazione (f)	임대	im-dae
canone (m) d'affitto	집세	jip-se
affittare (dare in affitto)	임대하다	im-dae-ha-da
prezzo (m)	가격	ga-gyeok

costo (m)	비용	bi-yong
somma (f)	액수	aek-su
spendere (vt)	쓰다	sseu-da
spese (f pl)	출비를	chul-bi-reul
economizzare (vi, vt)	절약하다	jeo-ryak-a-da
economico (agg)	경제적인	gyeong-je-jeo-gin
pagare (vi, vt)	지불하다	ji-bul-ha-da
pagamento (m)	지불	ji-bul
resto (m) (dare il ~)	거스름돈	geo-seu-reum-don
imposta (f)	세금	se-geum
multa (f), ammenda (f)	벌금	beol-geum
multare (vt)	벌금을 부과하다	beol-geu-meul bu-gwa-ha-da

42. Posta. Servizio postale

ufficio (m) postale	우체국	u-che-guk
posta (f) (lettere, ecc.)	우편물	u-pyeon-mul
postino (m)	우체부	u-che-bu
orario (m) di apertura	영업 시간	yeong-eop si-gan
lettera (f)	편지	pyeon-ji
raccomandata (f)	등기 우편	deung-gi u-pyeon
cartolina (f)	엽서	yeop-seo
telegramma (m)	전보	jeon-bo
pacco (m) postale	소포	so-po
vaglia (m) postale	송금	song-geum
ricevere (vt)	받다	bat-da
spedire (vt)	보내다	bo-nae-da
invio (m)	발송	bal-song
indirizzo (m)	주소	ju-so
codice (m) postale	우편 번호	u-pyeon beon-ho
mittente (m)	발송인	bal-song-in
destinatario (m)	수신인	su-sin-in
nome (m)	이름	i-reum
cognome (m)	성	seong
tariffa (f)	요금	yo-geum
ordinario (agg)	일반의	il-ba-nui
standard (agg)	경제적인	gyeong-je-jeo-gin
peso (m)	무게	mu-ge
pesare (vt)	무게를 달다	mu-ge-reul dal-da
busta (f)	봉투	bong-tu
francobollo (m)	우표	u-pyo

43. Attività bancaria

banca (f)	은행	eun-haeng
filiale (f)	지점	ji-jeom
consulente (m)	행원	haeng-won
direttore (m)	지배인	ji-bae-in
conto (m) bancario	은행계좌	eun-haeng-gye-jwa
numero (m) del conto	계좌 번호	gye-jwa beon-ho
conto (m) corrente	당좌	dang-jwa
conto (m) di risparmio	보통 예금	bo-tong ye-geum
aprire un conto	계좌를 열다	gye-jwa-reul ryeol-da
chiudere il conto	계좌를 해지하다	gye-jwa-reul hae-ji-ha-da
versare sul conto	계좌에 입금하다	ip-geum-ha-da
prelevare dal conto	출금하다	chul-geum-ha-da
deposito (m)	저금	jeo-geum
depositare (vt)	입금하다	ip-geum-ha-da
trasferimento (m) telegrafico	송금	song-geum
rimettere i soldi	송금하다	song-geum-ha-da
somma (f)	액수	aek-su
Quanto?	얼마?	eol-ma?
firma (f)	서명	seo-myeong
firmare (vt)	서명하다	seo-myeong-ha-da
carta (f) di credito	신용 카드	si-nyong ka-deu
codice (m)	비밀번호	bi-mil-beon-ho
numero (m) della carta di credito	신용 카드 번호	si-nyong ka-deu beon-ho
bancomat (m)	현금 자동 지급기	hyeon-geum ja-dong ji-geup-gi
assegno (m)	수표	su-pyo
emettere un assegno	수표를 끊다	su-pyo-reul kkeun-ta
libretto (m) di assegni	수표책	su-pyo-chaek
prestito (m)	대출	dae-chul
fare domanda per un prestito	대출 신청하다	dae-chul sin-cheong-ha-da
ottenere un prestito	대출을 받다	dae-chu-reul bat-da
concedere un prestito	대출하다	dae-chul-ha-da
garanzia (f)	담보	dam-bo

44. Telefono. Conversazione telefonica

telefono (m)	전화	jeon-hwa
telefonino (m)	휴대폰	hyu-dae-pon
segreteria (f) telefonica	자동 응답기	ja-dong eung-dap-gi
telefonare (vi, vt)	전화하다	jeon-hwa-ha-da
chiamata (f)	통화	tong-hwa
comporre un numero	번호로 걸다	beon-ho-ro geol-da
Pronto!	여보세요!	yeo-bo-se-yo!
chiedere (domandare)	묻다	mut-da
rispondere (vi, vt)	전화를 받다	jeon-hwa-reul bat-da
udire (vt)	듣다	deut-da
bene	잘	jal
male	좋지 않은	jo-chi a-neun
disturbi (m pl)	잡음	ja-beum
cornetta (f)	수화기	su-hwa-gi
alzare la cornetta	전화를 받다	jeon-hwa-reul bat-da
riattaccare la cornetta	전화를 끊다	jeon-hwa-reul kkeun-ta
occupato (agg)	통화 중인	tong-hwa jung-in
squillare (del telefono)	울리다	ul-li-da
elenco (m) telefonico	전화 번호부	jeon-hwa beon-ho-bu
locale (agg)	시내의	si-nae-ui
interurbano (agg)	장거리의	jang-geo-ri-ui
internazionale (agg)	국제적인	guk-je-jeo-gin

45. Telefono cellulare

telefonino (m)	휴대폰	hyu-dae-pon
schermo (m)	화면	hwa-myeon
tasto (m)	버튼	beo-teun
scheda SIM (f)	SIM 카드	SIM ka-deu
pila (f)	건전지	geon-jeon-ji
essere scarico	나가다	na-ga-da
caricabatteria (m)	충전기	chung-jeon-gi
menù (m)	메뉴	me-nyu
impostazioni (f pl)	설정	seol-jeong
melodia (f)	벨소리	bel-so-ri
scegliere (vt)	선택하다	seon-taek-a-da
calcolatrice (f)	계산기	gye-san-gi
segreteria (f) telefonica	자동 응답기	ja-dong eung-dap-gi

| sveglia (f) | 알람 시계 | al-lam si-gye |
| contatti (m pl) | 연락처 | yeol-lak-cheo |

| messaggio (m) SMS | 문자 메시지 | mun-ja me-si-ji |
| abbonato (m) | 가입자 | ga-ip-ja |

46. Articoli di cancelleria

| penna (f) a sfera | 볼펜 | bol-pen |
| penna (f) stilografica | 만년필 | man-nyeon-pil |

matita (f)	연필	yeon-pil
evidenziatore (m)	형광펜	hyeong-gwang-pen
pennarello (m)	사인펜	sa-in-pen

| taccuino (m) | 공책 | gong-chaek |
| agenda (f) | 수첩 | su-cheop |

righello (m)	자	ja
calcolatrice (f)	계산기	gye-san-gi
gomma (f) per cancellare	지우개	ji-u-gae
puntina (f)	압정	ap-jeong
graffetta (f)	클립	keul-lip

colla (f)	접착제	jeop-chak-je
pinzatrice (f)	호치키스	ho-chi-ki-seu
perforatrice (f)	펀치	peon-chi
temperamatite (m)	연필깎이	yeon-pil-kka-kki

47. Lingue straniere

lingua (f)	언어	eon-eo
lingua (f) straniera	외국어	oe-gu-geo
studiare (vt)	공부하다	gong-bu-ha-da
imparare (una lingua)	배우다	bae-u-da

leggere (vi, vt)	읽다	ik-da
parlare (vi, vt)	말하다	mal-ha-da
capire (vt)	이해하다	i-hae-ha-da
scrivere (vi, vt)	쓰다	sseu-da

rapidamente	빨리	ppal-li
lentamente	천천히	cheon-cheon-hi
correntemente	유창하게	yu-chang-ha-ge

regole (f pl)	규칙	gyu-chik
grammatica (f)	문법	mun-beop
lessico (m)	어휘	eo-hwi

fonetica (f)	음성학	eum-seong-hak
manuale (m)	교과서	gyo-gwa-seo
dizionario (m)	사전	sa-jeon
manuale (m) autodidattico	자습서	ja-seup-seo
frasario (m)	회화집	hoe-hwa-jip
cassetta (f)	테이프	te-i-peu
videocassetta (f)	비디오테이프	bi-di-o-te-i-peu
CD (m)	씨디	ssi-di
DVD (m)	디비디	di-bi-di
alfabeto (m)	알파벳	al-pa-bet
compitare (vt)	… 의 철자이다	… ui cheol-ja-i-da
pronuncia (f)	발음	ba-reum
accento (m)	악센트	ak-sen-teu
con un accento	사투리로	sa-tu-ri-ro
senza accento	억양 없이	eo-gyang eop-si
vocabolo (m)	단어	dan-eo
significato (m)	의미	ui-mi
corso (m) (~ di francese)	강좌	gang-jwa
iscriversi (vr)	등록하다	deung-nok-a-da
insegnante (m, f)	강사	gang-sa
traduzione (f) (fare una ~)	번역	beo-nyeok
traduzione (f) (un testo)	번역	beo-nyeok
traduttore (m)	번역가	beo-nyeok-ga
interprete (m)	통역가	tong-yeok-ga
poliglotta (m)	수개 국어를 말하는 사람	su-gae gu-geo-reul mal-ha-neun sa-ram
memoria (f)	기억력	gi-eong-nyeok

PASTI. RISTORANTE

T&P Books Publishing

48. Preparazione della tavola

cucchiaio (m)	숟가락	sut-ga-rak
coltello (m)	나이프	na-i-peu
forchetta (f)	포크	po-keu
tazza (f)	컵	keop
piatto (m)	접시	jeop-si
piattino (m)	받침 접시	bat-chim jeop-si
tovagliolo (m)	냅킨	naep-kin
stuzzicadenti (m)	이쑤시개	i-ssu-si-gae

49. Ristorante

ristorante (m)	레스토랑	re-seu-to-rang
caffè (m)	커피숍	keo-pi-syop
pub (m), bar (m)	바	ba
sala (f) da tè	카페, 티룸	ka-pe, ti-rum
cameriere (m)	웨이터	we-i-teo
cameriera (f)	웨이트리스	we-i-teu-ri-seu
barista (m)	바텐더	ba-ten-deo
menù (m)	메뉴판	me-nyu-pan
lista (f) dei vini	와인 메뉴	wa-in me-nyu
prenotare un tavolo	테이블 예약을 하다	te-i-beul rye-ya-geul ha-da
piatto (m)	요리, 코스	yo-ri, ko-seu
ordinare (~ il pranzo)	주문하다	ju-mun-ha-da
fare un'ordinazione	주문을 하다	ju-mu-neul ha-da
aperitivo (m)	아페리티프	a-pe-ri-ti-peu
antipasto (m)	애피타이저	ae-pi-ta-i-jeo
dolce (m)	디저트	di-jeo-teu
conto (m)	계산서	gye-san-seo
pagare il conto	계산하다	gye-san-ha-da
dare il resto	거스름돈을 주다	geo-seu-reum-do-neul ju-da
mancia (f)	팁	tip

50. Pasti

cibo (m)	음식	eum-sik
mangiare (vi, vt)	먹다	meok-da
colazione (f)	아침식사	a-chim-sik-sa
fare colazione	아침을 먹다	a-chi-meul meok-da
pranzo (m)	점심식사	jeom-sim-sik-sa
pranzare (vi)	점심을 먹다	jeom-si-meul meok-da
cena (f)	저녁식사	jeo-nyeok-sik-sa
cenare (vi)	저녁을 먹다	jeo-nyeo-geul meok-da
appetito (m)	식욕	si-gyok
Buon appetito!	맛있게 드십시오!	man-nit-ge deu-sip-si-o!
aprire (vt)	열다	yeol-da
rovesciare (~ il vino, ecc.)	엎지르다	eop-ji-reu-da
rovesciarsi (vr)	쏟아지다	sso-da-ji-da
bollire (vi)	끓다	kkeul-ta
far bollire	끓이다	kkeu-ri-da
bollito (agg)	끓인	kkeu-rin
raffreddare (vt)	식히다	sik-i-da
raffreddarsi (vr)	식다	sik-da
gusto (m)	맛	mat
retrogusto (m)	뒷 맛	dwit mat
essere a dieta	살을 빼다	sa-reul ppae-da
dieta (f)	다이어트	da-i-eo-teu
vitamina (f)	비타민	bi-ta-min
caloria (f)	칼로리	kal-lo-ri
vegetariano (m)	채식주의자	chae-sik-ju-ui-ja
vegetariano (agg)	채식주의의	chae-sik-ju-ui-ui
grassi (m pl)	지방	ji-bang
proteine (f pl)	단백질	dan-baek-jil
carboidrati (m pl)	탄수화물	tan-su-hwa-mul
fetta (f), fettina (f)	조각	jo-gak
pezzo (m) (~ di torta)	조각	jo-gak
briciola (f) (~ di pane)	부스러기	bu-seu-reo-gi

51. Pietanze cucinate

piatto (m) (~ principale)	요리, 코스	yo-ri, ko-seu
cucina (f)	요리	yo-ri
ricetta (f)	요리법	yo-ri-beop
porzione (f)	분량	bul-lyang

| insalata (f) | 샐러드 | sael-leo-deu |
| minestra (f) | 수프 | su-peu |

brodo (m)	육수	yuk-su
panino (m)	샌드위치	saen-deu-wi-chi
uova (f pl) al tegamino	계란후라이	gye-ran-hu-ra-i

| hamburger (m) | 햄버거 | haem-beo-geo |
| bistecca (f) | 비프스테이크 | bi-peu-seu-te-i-keu |

contorno (m)	사이드 메뉴	sa-i-deu me-nyu
spaghetti (m pl)	스파게티	seu-pa-ge-ti
purè (m) di patate	으깬 감자	eu-kkaen gam-ja
pizza (f)	피자	pi-ja
porridge (m)	죽	juk
frittata (f)	오믈렛	o-meul-let

bollito (agg)	삶은	sal-meun
affumicato (agg)	훈제된	hun-je-doen
fritto (agg)	튀긴	twi-gin
secco (agg)	말린	mal-lin
congelato (agg)	얼린	eol-lin
sottoaceto (agg)	초절인	cho-jeo-rin

dolce (gusto)	단	dan
salato (agg)	짠	jjan
freddo (agg)	차가운	cha-ga-un
caldo (agg)	뜨거운	tteu-geo-un
amaro (agg)	쓴	sseun
buono, gustoso (agg)	맛있는	man-nin-neun

cuocere, preparare (vt)	삶다	sam-da
cucinare (vi)	요리하다	yo-ri-ha-da
friggere (vt)	부치다	bu-chi-da
riscaldare (vt)	데우다	de-u-da

salare (vt)	소금을 넣다	so-geu-meul leo-ta
pepare (vt)	후추를 넣다	hu-chu-reul leo-ta
grattugiare (vt)	강판에 갈다	gang-pa-ne gal-da
buccia (f)	껍질	kkeop-jil
sbucciare (vt)	껍질 벗기다	kkeop-jil beot-gi-da

52. Cibo

carne (f)	고기	go-gi
pollo (m)	닭고기	dak-go-gi
pollo (m) novello	영계	yeong-gye
anatra (f)	오리고기	o-ri-go-gi
oca (f)	거위고기	geo-wi-go-gi
cacciagione (f)	사냥감	sa-nyang-gam

tacchino (m)	칠면조고기	chil-myeon-jo-go-gi
maiale (m)	돼지고기	dwae-ji-go-gi
vitello (m)	송아지 고기	song-a-ji go-gi
agnello (m)	양고기	yang-go-gi
manzo (m)	소고기	so-go-gi
coniglio (m)	토끼고기	to-kki-go-gi
salame (m)	소시지	so-si-ji
w?rstel (m)	비엔나 소시지	bi-en-na so-si-ji
pancetta (f)	베이컨	be-i-keon
prosciutto (m)	햄	haem
prosciutto (m) affumicato	개먼	gae-meon
pâté (m)	파테	pa-te
fegato (m)	간	gan
carne (f) trita	다진 고기	da-jin go-gi
lingua (f)	혀	hyeo
uovo (m)	계란	gye-ran
uova (f pl)	계란	gye-ran
albume (m)	흰자	huin-ja
tuorlo (m)	노른자	no-reun-ja
pesce (m)	생선	saeng-seon
frutti (m pl) di mare	해물	hae-mul
caviale (m)	캐비어	kae-bi-eo
granchio (m)	게	ge
gamberetto (m)	새우	sae-u
ostrica (f)	굴	gul
aragosta (f)	대하	dae-ha
polpo (m)	문어	mun-eo
calamaro (m)	오징어	o-jing-eo
storione (m)	철갑상어	cheol-gap-sang-eo
salmone (m)	연어	yeon-eo
ippoglosso (m)	넙치	neop-chi
merluzzo (m)	대구	dae-gu
scombro (m)	고등어	go-deung-eo
tonno (m)	참치	cham-chi
anguilla (f)	뱀장어	baem-jang-eo
trota (f)	송어	song-eo
sardina (f)	정어리	jeong-eo-ri
luccio (m)	강꼬치고기	gang-kko-chi-go-gi
aringa (f)	청어	cheong-eo
pane (m)	빵	ppang
formaggio (m)	치즈	chi-jeu
zucchero (m)	설탕	seol-tang
sale (m)	소금	so-geum

riso (m)	쌀	ssal
pasta (f)	파스타	pa-seu-ta
tagliatelle (f pl)	면	myeon
burro (m)	버터	beo-teo
olio (m) vegetale	식물유	sing-mu-ryu
olio (m) di girasole	해바라기유	hae-ba-ra-gi-yu
margarina (f)	마가린	ma-ga-rin
olive (f pl)	올리브	ol-li-beu
olio (m) d'oliva	올리브유	ol-li-beu-yu
latte (m)	우유	u-yu
latte (m) condensato	연유	yeo-nyu
yogurt (m)	요구르트	yo-gu-reu-teu
panna (f) acida	사워크림	sa-wo-keu-rim
panna (f)	크림	keu-rim
maionese (m)	마요네즈	ma-yo-ne-jeu
crema (f)	버터크림	beo-teo-keu-rim
cereali (m pl)	곡물	gong-mul
farina (f)	밀가루	mil-ga-ru
cibi (m pl) in scatola	통조림	tong-jo-rim
fiocchi (m pl) di mais	콘플레이크	kon-peul-le-i-keu
miele (m)	꿀	kkul
marmellata (f)	잼	jaem
gomma (f) da masticare	껌	kkeom

53. Bevande

acqua (f)	물	mul
acqua (f) potabile	음료수	eum-nyo-su
acqua (f) minerale	미네랄 워터	mi-ne-ral rwo-teo
liscia (non gassata)	탄산 없는	tan-san neom-neun
gassata (agg)	탄산의	tan-sa-nui
frizzante (agg)	탄산이 든	tan-san-i deun
ghiaccio (m)	얼음	eo-reum
con ghiaccio	얼음을 넣은	eo-reu-meul leo-eun
analcolico (agg)	무알코올의	mu-al-ko-o-rui
bevanda (f) analcolica	청량음료	cheong-nyang-eum-nyo
bibita (f)	청량 음료	cheong-nyang eum-nyo
limonata (f)	레모네이드	re-mo-ne-i-deu
bevande (f pl) alcoliche	술	sul
vino (m)	와인	wa-in
vino (m) bianco	백 포도주	baek po-do-ju

vino (m) rosso	레드 와인	re-deu wa-in
liquore (m)	리큐르	ri-kyu-reu
champagne (m)	샴페인	syam-pe-in
vermouth (m)	베르무트	be-reu-mu-teu
whisky	위스키	wi-seu-ki
vodka (f)	보드카	bo-deu-ka
gin (m)	진	jin
cognac (m)	코냑	ko-nyak
rum (m)	럼	reom
caffè (m)	커피	keo-pi
caffè (m) nero	블랙 커피	beul-laek keo-pi
caffè latte (m)	밀크 커피	mil-keu keo-pi
cappuccino (m)	카푸치노	ka-pu-chi-no
caffè (m) solubile	인스턴트 커피	in-seu-teon-teu keo-pi
latte (m)	우유	u-yu
cocktail (m)	칵테일	kak-te-il
frullato (m)	밀크 셰이크	mil-keu sye-i-keu
succo (m)	주스	ju-seu
succo (m) di pomodoro	토마토 주스	to-ma-to ju-seu
succo (m) d'arancia	오렌지 주스	o-ren-ji ju-seu
spremuta (f)	생과일주스	saeng-gwa-il-ju-seu
birra (f)	맥주	maek-ju
birra (f) chiara	라거	ra-geo
birra (f) scura	흑맥주	heung-maek-ju
tè (m)	차	cha
tè (m) nero	홍차	hong-cha
tè (m) verde	녹차	nok-cha

54. Verdure

ortaggi (m pl)	채소	chae-so
verdura (f)	녹황색 채소	nok-wang-saek chae-so
pomodoro (m)	토마토	to-ma-to
cetriolo (m)	오이	o-i
carota (f)	당근	dang-geun
patata (f)	감자	gam-ja
cipolla (f)	양파	yang-pa
aglio (m)	마늘	ma-neul
cavolo (m)	양배추	yang-bae-chu
cavolfiore (m)	컬리플라워	keol-li-peul-la-wo
cavoletti (m pl) di Bruxelles	방울다다기 양배추	bang-ul-da-da-gi yang-bae-chu

broccolo (m)	브로콜리	beu-ro-kol-li
barbabietola (f)	비트	bi-teu
melanzana (f)	가지	ga-ji
zucchina (f)	애호박	ae-ho-bak
zucca (f)	호박	ho-bak
rapa (f)	순무	sun-mu
prezzemolo (m)	파슬리	pa-seul-li
aneto (m)	딜	dil
lattuga (f)	양상추	yang-sang-chu
sedano (m)	셀러리	sel-leo-ri
asparago (m)	아스파라거스	a-seu-pa-ra-geo-seu
spinaci (m pl)	시금치	si-geum-chi
pisello (m)	완두	wan-du
fave (f pl)	콩	kong
mais (m)	옥수수	ok-su-su
fagiolo (m)	강낭콩	gang-nang-kong
peperone (m)	피망	pi-mang
ravanello (m)	무	mu
carciofo (m)	아티초크	a-ti-cho-keu

55. Frutta. Noci

frutto (m)	과일	gwa-il
mela (f)	사과	sa-gwa
pera (f)	배	bae
limone (m)	레몬	re-mon
arancia (f)	오렌지	o-ren-ji
fragola (f)	딸기	ttal-gi
mandarino (m)	귤	gyul
prugna (f)	자두	ja-du
pesca (f)	복숭아	bok-sung-a
albicocca (f)	살구	sal-gu
lampone (m)	라즈베리	ra-jeu-be-ri
ananas (m)	파인애플	pa-in-ae-peul
banana (f)	바나나	ba-na-na
anguria (f)	수박	su-bak
uva (f)	포도	po-do
amarena (f)	신양	si-nyang
ciliegia (f)	양벚나무	yang-beon-na-mu
melone (m)	멜론	mel-lon
pompelmo (m)	자몽	ja-mong
avocado (m)	아보카도	a-bo-ka-do
papaia (f)	파파야	pa-pa-ya
mango (m)	망고	mang-go

melagrana (f)	석류	seong-nyu
ribes (m) rosso	레드커런트	re-deu-keo-ren-teu
ribes (m) nero	블랙커런트	beul-laek-keo-ren-teu
uva (f) spina	구스베리	gu-seu-be-ri
mirtillo (m)	빌베리	bil-be-ri
mora (f)	블랙베리	beul-laek-be-ri
uvetta (f)	건포도	geon-po-do
fico (m)	무화과	mu-hwa-gwa
dattero (m)	대추야자	dae-chu-ya-ja
arachide (f)	땅콩	ttang-kong
mandorla (f)	아몬드	a-mon-deu
noce (f)	호두	ho-du
nocciola (f)	개암	gae-am
noce (f) di cocco	코코넛	ko-ko-neot
pistacchi (m pl)	피스타치오	pi-seu-ta-chi-o

56. Pane. Dolci

pasticceria (f)	과자류	gwa-ja-ryu
pane (m)	빵	ppang
biscotti (m pl)	쿠키	ku-ki
cioccolato (m)	초콜릿	cho-kol-lit
al cioccolato (agg)	초콜릿의	cho-kol-lis-ui
caramella (f)	사탕	sa-tang
tortina (f)	케이크	ke-i-keu
torta (f)	케이크	ke-i-keu
crostata (f)	파이	pa-i
ripieno (m)	속	sok
marmellata (f)	잼	jaem
marmellata (f) di agrumi	마멀레이드	ma-meol-le-i-deu
wafer (m)	와플	wa-peul
gelato (m)	아이스크림	a-i-seu-keu-rim

57. Spezie

sale (m)	소금	so-geum
salato (agg)	짜	jja
salare (vt)	소금을 넣다	so-geu-meul leo-ta
pepe (m) nero	후추	hu-chu
peperoncino (m)	고춧가루	go-chut-ga-ru
senape (f)	겨자	gyeo-ja
cren (m)	고추냉이	go-chu-naeng-i

condimento (m)	양념	yang-nyeom
spezie (f pl)	향료	hyang-nyo
salsa (f)	소스	so-seu
aceto (m)	식초	sik-cho
anice (m)	아니스	a-ni-seu
basilico (m)	바질	ba-jil
chiodi (m pl) di garofano	정향	jeong-hyang
zenzero (m)	생강	saeng-gang
coriandolo (m)	고수	go-su
cannella (f)	계피	gye-pi
sesamo (m)	깨	kkae
alloro (m)	월계수잎	wol-gye-su-ip
paprica (f)	파프리카	pa-peu-ri-ka
cumino (m)	캐러웨이	kae-reo-we-i
zafferano (m)	사프란	sa-peu-ran

INFORMAZIONI PERSONALI. FAMIGLIA

58. Informazioni personali. Moduli

nome (m)	이름	i-reum
cognome (m)	성	seong
data (f) di nascita	생년월일	saeng-nyeon-wo-ril
luogo (m) di nascita	탄생지	tan-saeng-ji
nazionalità (f)	국적	guk-jeok
domicilio (m)	거소	geo-so
paese (m)	나라	na-ra
professione (f)	직업	ji-geop
sesso (m)	성별	seong-byeol
statura (f)	키	ki
peso (m)	몸무게	mom-mu-ge

59. Membri della famiglia. Parenti

madre (f)	어머니	eo-meo-ni
padre (m)	아버지	a-beo-ji
figlio (m)	아들	a-deul
figlia (f)	딸	ttal
figlia (f) minore	작은딸	ja-geun-ttal
figlio (m) minore	작은아들	ja-geun-a-deul
figlia (f) maggiore	맏딸	mat-ttal
figlio (m) maggiore	맏아들	ma-da-deul
fratello (m)	형제	hyeong-je
sorella (f)	자매	ja-mae
cugino (m)	사촌 형제	sa-chon hyeong-je
cugina (f)	사촌 자매	sa-chon ja-mae
mamma (f)	엄마	eom-ma
papà (m)	아빠	a-ppa
genitori (m pl)	부모	bu-mo
bambino (m)	아이, 아동	a-i, a-dong
bambini (m pl)	아이들	a-i-deul
nonna (f)	할머니	hal-meo-ni
nonno (m)	할아버지	ha-ra-beo-ji
nipote (m) (figlio di un figlio)	손자	son-ja
nipote (f)	손녀	son-nyeo

nipoti (pl)	손자들	son-ja-deul
zio (m)	삼촌	sam-chon
nipote (m) (figlio di un fratello)	조카	jo-ka
nipote (f)	조카딸	jo-ka-ttal
suocera (f)	장모	jang-mo
suocero (m)	시아버지	si-a-beo-ji
genero (m)	사위	sa-wi
matrigna (f)	계모	gye-mo
patrigno (m)	계부	gye-bu
neonato (m)	영아	yeong-a
infante (m)	아기	a-gi
bimbo (m), ragazzino (m)	꼬마	kko-ma
moglie (f)	아내	a-nae
marito (m)	남편	nam-pyeon
coniuge (m)	배우자	bae-u-ja
coniuge (f)	배우자	bae-u-ja
sposato (agg)	결혼한	gyeol-hon-han
sposata (agg)	결혼한	gyeol-hon-han
celibe (agg)	미혼의	mi-hon-ui
scapolo (m)	미혼 남자	mi-hon nam-ja
divorziato (agg)	이혼한	i-hon-han
vedova (f)	과부	gwa-bu
vedovo (m)	홀아비	ho-ra-bi
parente (m)	친척	chin-cheok
parente (m) stretto	가까운 친척	ga-kka-un chin-cheok
parente (m) lontano	먼 친척	meon chin-cheok
parenti (m pl)	친척들	chin-cheok-deul
orfano (m), orfana (f)	고아	go-a
tutore (m)	후견인	hu-gyeon-in
adottare (~ un bambino)	입양하다	i-byang-ha-da
adottare (~ una bambina)	입양하다	i-byang-ha-da

60. Amici. Colleghi

amico (m)	친구	chin-gu
amica (f)	친구	chin-gu
amicizia (f)	우정	u-jeong
essere amici	사귀다	sa-gwi-da
amico (m) (inform.)	벗	beot
amica (f) (inform.)	벗	beot
partner (m)	파트너	pa-teu-neo
capo (m)	상사	sang-sa

capo (m), superiore (m)	윗사람	wit-sa-ram
subordinato (m)	부하	bu-ha
collega (m)	동료	dong-nyo

conoscente (m)	아는 사람	a-neun sa-ram
compagno (m) di viaggio	동행자	dong-haeng-ja
compagno (m) di classe	동급생	dong-geup-saeng

vicino (m)	이웃	i-ut
vicina (f)	이웃	i-ut
vicini (m pl)	이웃들	i-ut-deul

T&P BOOKS

CORPO UMANO. MEDICINALI

T&P Books Publishing

61. Testa

testa (f)	머리	meo-ri
viso (m)	얼굴	eol-gul
naso (m)	코	ko
bocca (f)	입	ip
occhio (m)	눈	nun
occhi (m pl)	눈	nun
pupilla (f)	눈동자	nun-dong-ja
sopracciglio (m)	눈썹	nun-sseop
ciglio (m)	속눈썹	song-nun-sseop
palpebra (f)	눈꺼풀	nun-kkeo-pul
lingua (f)	혀	hyeo
dente (m)	이	i
labbra (f pl)	입술	ip-sul
zigomi (m pl)	광대뼈	gwang-dae-ppyeo
gengiva (f)	잇몸	in-mom
palato (m)	입천장	ip-cheon-jang
narici (f pl)	콧구멍	kot-gu-meong
mento (m)	턱	teok
mascella (f)	턱	teok
guancia (f)	뺨, 볼	ppyam, bol
fronte (f)	이마	i-ma
tempia (f)	관자놀이	gwan-ja-no-ri
orecchio (m)	귀	gwi
nuca (f)	뒤통수	dwi-tong-su
collo (m)	목	mok
gola (f)	목구멍	mok-gu-meong
capelli (m pl)	머리털, 헤어	meo-ri-teol, he-eo
pettinatura (f)	머리 스타일	meo-ri seu-ta-il
taglio (m)	헤어컷	he-eo-keot
parrucca (f)	가발	ga-bal
baffi (m pl)	콧수염	kot-su-yeom
barba (f)	턱수염	teok-su-yeom
portare (~ la barba, ecc.)	기르다	gi-reu-da
treccia (f)	땋은 머리	tta-eun meo-ri
basette (f pl)	구레나룻	gu-re-na-rut
rosso (agg)	빨강머리의	ppal-gang-meo-ri-ui
brizzolato (agg)	흰머리의	huin-meo-ri-ui

| calvo (agg) | 대머리인 | dae-meo-ri-in |
| calvizie (f) | 땜통 | ttaem-tong |

| coda (f) di cavallo | 말총머리 | mal-chong-meo-ri |
| frangetta (f) | 앞머리 | am-meo-ri |

62. Corpo umano

| mano (f) | 손 | son |
| braccio (m) | 팔 | pal |

dito (m)	손가락	son-ga-rak
pollice (m)	엄지손가락	eom-ji-son-ga-rak
mignolo (m)	새끼손가락	sae-kki-son-ga-rak
unghia (f)	손톱	son-top

pugno (m)	주먹	ju-meok
palmo (m)	손바닥	son-ba-dak
polso (m)	손목	son-mok
avambraccio (m)	전박	jeon-bak

| gomito (m) | 팔꿈치 | pal-kkum-chi |
| spalla (f) | 어깨 | eo-kkae |

gamba (f)	다리	da-ri
pianta (f) del piede	발	bal
ginocchio (m)	무릎	mu-reup
polpaccio (m)	종아리	jong-a-ri

| anca (f) | 엉덩이 | eong-deong-i |
| tallone (m) | 발뒤꿈치 | bal-dwi-kkum-chi |

corpo (m)	몸	mom
pancia (f)	배	bae
petto (m)	가슴	ga-seum
seno (m)	가슴	ga-seum
fianco (m)	옆구리	yeop-gu-ri
schiena (f)	등	deung

| zona (f) lombare | 허리 | heo-ri |
| vita (f) | 허리 | heo-ri |

ombelico (m)	배꼽	bae-kkop
natiche (f pl)	엉덩이	eong-deong-i
sedere (m)	엉덩이	eong-deong-i

neo (m)	점	jeom
voglia (f) (~ di fragola)	모반	mo-ban
tatuaggio (m)	문신	mun-sin
cicatrice (f)	흉터	hyung-teo

63. Malattie

malattia (f)	병	byeong
essere malato	눕다	nup-da
salute (f)	건강	geon-gang
raffreddore (m)	비염	bi-yeom
tonsillite (f)	편도염	pyeon-do-yeom
raffreddore (m)	감기	gam-gi
raffreddarsi (vr)	감기에 걸리다	gam-gi-e geol-li-da
bronchite (f)	기관지염	gi-gwan-ji-yeom
polmonite (f)	폐렴	pye-ryeom
influenza (f)	독감	dok-gam
miope (agg)	근시의	geun-si-ui
presbite (agg)	원시의	won-si-ui
strabismo (m)	사시	sa-si
strabico (agg)	사시인	sa-si-in
cateratta (f)	백내장	baeng-nae-jang
glaucoma (m)	녹내장	nong-nae-jang
ictus (m) cerebrale	뇌졸중	noe-jol-jung
attacco (m) di cuore	심장마비	sim-jang-ma-bi
infarto (m) miocardico	심근경색증	sim-geun-gyeong-saek-jeung
paralisi (f)	마비	ma-bi
paralizzare (vt)	마비되다	ma-bi-doe-da
allergia (f)	알레르기	al-le-reu-gi
asma (f)	천식	cheon-sik
diabete (m)	당뇨병	dang-nyo-byeong
mal (m) di denti	치통, 이앓이	chi-tong, i-a-ri
carie (f)	충치	chung-chi
diarrea (f)	설사	seol-sa
stitichezza (f)	변비증	byeon-bi-jeung
disturbo (m) gastrico	배탈	bae-tal
intossicazione (f) alimentare	식중독	sik-jung-dok
intossicarsi (vr)	식중독에 걸리다	sik-jung-do-ge geol-li-da
artrite (f)	관절염	gwan-jeo-ryeom
rachitide (f)	구루병	gu-ru-byeong
reumatismo (m)	류머티즘	ryu-meo-ti-jeum
gastrite (f)	위염	wi-yeom
appendicite (f)	맹장염	maeng-jang-yeom
colecistite (f)	담낭염	dam-nang-yeom
ulcera (f)	궤양	gwe-yang

morbillo (m)	홍역	hong-yeok
rosolia (f)	풍진	pung-jin
itterizia (f)	황달	hwang-dal
epatite (f)	간염	gan-nyeom
schizofrenia (f)	정신 분열증	jeong-sin bu-nyeol-jeung
rabbia (f)	광견병	gwang-gyeon-byeong
nevrosi (f)	신경증	sin-gyeong-jeung
commozione (f) cerebrale	뇌진탕	noe-jin-tang
cancro (m)	암	am
sclerosi (f)	경화증	gyeong-hwa-jeung
sclerosi (f) multipla	다발성 경화증	da-bal-seong gyeong-hwa-jeung
alcolismo (m)	알코올 중독	al-ko-ol jung-dok
alcolizzato (m)	알코올 중독자	al-ko-ol jung-dok-ja
sifilide (f)	매독	mae-dok
AIDS (m)	에이즈	e-i-jeu
tumore (m)	종양	jong-yang
maligno (agg)	악성의	ak-seong-ui
benigno (agg)	양성의	yang-seong-ui
febbre (f)	열병	yeol-byeong
malaria (f)	말라리아	mal-la-ri-a
cancrena (f)	괴저	goe-jeo
mal (m) di mare	뱃멀미	baen-meol-mi
epilessia (f)	간질	gan-jil
epidemia (f)	유행병	yu-haeng-byeong
tifo (m)	발진티푸스	bal-jin-ti-pu-seu
tubercolosi (f)	결핵	gyeol-haek
colera (m)	콜레라	kol-le-ra
peste (f)	페스트	pe-seu-teu

64. Sintomi. Cure. Parte 1

sintomo (m)	증상	jeung-sang
temperatura (f)	체온	che-on
febbre (f) alta	열	yeol
polso (m)	맥박	maek-bak
capogiro (m)	현기증	hyeon-gi-jeung
caldo (agg)	뜨거운	tteu-geo-un
brivido (m)	전율	jeo-nyul
pallido (un viso ~)	창백한	chang-baek-an
tosse (f)	기침	gi-chim
tossire (vi)	기침을 하다	gi-chi-meul ha-da

starnutire (vi)	재채기하다	jae-chae-gi-ha-da
svenimento (m)	실신	sil-sin
svenire (vi)	실신하다	sil-sin-ha-da
livido (m)	멍	meong
bernoccolo (m)	혹	hok
farsi un livido	부딪치다	bu-dit-chi-da
contusione (f)	타박상	ta-bak-sang
farsi male	타박상을 입다	ta-bak-sang-eul rip-da
zoppicare (vi)	절다	jeol-da
slogatura (f)	탈구	tal-gu
slogarsi (vr)	탈구하다	tal-gu-ha-da
frattura (f)	골절	gol-jeol
fratturarsi (vr)	골절하다	gol-jeol-ha-da
taglio (m)	베인	be-in
tagliarsi (vr)	베다	jeol-chang-eul rip-da
emorragia (f)	출혈	chul-hyeol
scottatura (f)	화상	hwa-sang
scottarsi (vr)	데다	de-da
pungere (vt)	찌르다	jji-reu-da
pungersi (vr)	찔리다	jjil-li-da
ferire (vt)	다치다	da-chi-da
ferita (f)	부상	bu-sang
lesione (f)	부상	bu-sang
trauma (m)	정신적 외상	jeong-sin-jeok goe-sang
delirare (vi)	망상을 겨다	mang-sang-eul gyeok-da
tartagliare (vi)	말을 더듬다	ma-reul deo-deum-da
colpo (m) di sole	일사병	il-sa-byeong

65. Sintomi. Cure. Parte 2

dolore (m), male (m)	통증	tong-jeung
scheggia (f)	가시	ga-si
sudore (m)	땀	ttam
sudare (vi)	땀이 나다	ttam-i na-da
vomito (m)	구토	gu-to
convulsioni (f pl)	경련	gyeong-nyeon
incinta (agg)	임신한	im-sin-han
nascere (vi)	태어나다	tae-eo-na-da
parto (m)	출산	chul-san
essere in travaglio di parto	낳다	na-ta
aborto (m)	낙태	nak-tae
respirazione (f)	호흡	ho-heup

inspirazione (f)	들숨	deul-sum
espirazione (f)	날숨	nal-sum
espirare (vi)	내쉬다	nae-swi-da
inspirare (vi)	들이쉬다	deu-ri-swi-da
invalido (m)	장애인	jang-ae-in
storpio (m)	병신	byeong-sin
drogato (m)	마약 중독자	ma-yak jung-dok-ja
sordo (agg)	귀가 먼	gwi-ga meon
muto (agg)	병어리인	beong-eo-ri-in
sordomuto (agg)	농아인	nong-a-in
matto (agg)	미친	mi-chin
matto (m)	광인	gwang-in
matta (f)	광인	gwang-in
impazzire (vi)	미치다	mi-chi-da
gene (m)	유전자	yu-jeon-ja
immunità (f)	면역성	myeo-nyeok-seong
ereditario (agg)	유전의	yu-jeon-ui
innato (agg)	선천적인	seon-cheon-jeo-gin
virus (m)	바이러스	ba-i-reo-seu
microbo (m)	미생물	mi-saeng-mul
batterio (m)	세균	se-gyun
infezione (f)	감염	gam-nyeom

66. Sintomi. Cure. Parte 3

ospedale (m)	병원	byeong-won
paziente (m)	환자	hwan-ja
diagnosi (f)	진단	jin-dan
cura (f)	치료	chi-ryo
curarsi (vr)	치료를 받다	chi-ryo-reul bat-da
curare (vt)	치료하다	chi-ryo-ha-da
accudire (un malato)	간호하다	gan-ho-ha-da
assistenza (f)	간호	gan-ho
operazione (f)	수술	su-sul
bendare (vt)	붕대를 감다	bung-dae-reul gam-da
fasciatura (f)	붕대	bung-dae
vaccinazione (f)	예방주사	ye-bang-ju-sa
vaccinare (vt)	접종하다	jeop-jong-ha-da
iniezione (f)	주사	ju-sa
fare una puntura	주사하다	ju-sa-ha-da
amputazione (f)	절단	jeol-dan
amputare (vt)	절단하다	jeol-dan-ha-da

coma (m)	혼수 상태	hon-su sang-tae
essere in coma	혼수 상태에 있다	hon-su sang-tae-e it-da
rianimazione (f)	집중 치료	jip-jung chi-ryo
guarire (vi)	회복하다	hoe-bok-a-da
stato (f) (del paziente)	상태	sang-tae
conoscenza (f)	의식	ui-sik
memoria (f)	기억	gi-eok
estrarre (~ un dente)	빼다	ppae-da
otturazione (f)	충전물	chung-jeon-mul
otturare (vt)	때우다	ttae-u-da
ipnosi (f)	최면	choe-myeon
ipnotizzare (vt)	최면을 걸다	choe-myeo-neul geol-da

67. Medicinali. Farmaci. Accessori

medicina (f)	약	yak
rimedio (m)	약제	yak-je
prescrizione (f)	처방	cheo-bang
compressa (f)	정제	jeong-je
unguento (m)	연고	yeon-go
fiala (f)	앰풀	aem-pul
pozione (f)	혼합물	hon-ham-mul
sciroppo (m)	물약	mul-lyak
pillola (f)	알약	a-ryak
polverina (f)	가루약	ga-ru-yak
benda (f)	거즈 붕대	geo-jeu bung-dae
ovatta (f)	솜	som
iodio (m)	요오드	yo-o-deu
cerotto (m)	반창고	ban-chang-go
contagocce (m)	점안기	jeom-an-gi
termometro (m)	체온계	che-on-gye
siringa (f)	주사기	ju-sa-gi
sedia (f) a rotelle	휠체어	hwil-che-eo
stampelle (f pl)	목발	mok-bal
analgesico (m)	진통제	jin-tong-je
lassativo (m)	완하제	wan-ha-je
alcol (m)	알코올	al-ko-ol
erba (f) officinale	약초	yak-cho
d'erbe (infuso ~)	약초의	yak-cho-ui

APPARTAMENTO

T&P Books Publishing

68. Appartamento

appartamento (m)	아파트	a-pa-teu
camera (f), stanza (f)	방	bang
camera (f) da letto	침실	chim-sil
sala (f) da pranzo	식당	sik-dang
salotto (m)	거실	geo-sil
studio (m)	서재	seo-jae
ingresso (m)	곁방	gyeot-bang
bagno (m)	욕실	yok-sil
gabinetto (m)	화장실	hwa-jang-sil
soffitto (m)	천장	cheon-jang
pavimento (m)	마루	ma-ru
angolo (m)	구석	gu-seok

69. Arredamento. Interno

mobili (m pl)	가구	ga-gu
tavolo (m)	식탁, 테이블	sik-tak, te-i-beul
sedia (f)	의자	ui-ja
letto (m)	침대	chim-dae
divano (m)	소파	so-pa
poltrona (f)	안락 의자	al-lak gui-ja
libreria (f)	책장	chaek-jang
ripiano (m)	책꽂이	chaek-kko-ji
armadio (m)	옷장	ot-jang
attaccapanni (m) da parete	옷걸이	ot-geo-ri
appendiabiti (m) da terra	스탠드옷걸이	seu-taen-deu-ot-geo-ri
comò (m)	서랍장	seo-rap-jang
tavolino (m) da salotto	커피 테이블	keo-pi te-i-beul
specchio (m)	거울	geo-ul
tappeto (m)	양탄자	yang-tan-ja
tappetino (m)	러그	reo-geu
camino (m)	벽난로	byeong-nan-no
candela (f)	초	cho
candeliere (m)	촛대	chot-dae
tende (f pl)	커튼	keo-teun

carta (f) da parati	벽지	byeok-ji
tende (f pl) alla veneziana	블라인드	beul-la-in-deu
lampada (f) da tavolo	테이블 램프	deung
lampada (f) da parete	벽등	byeok-deung
lampada (f) a stelo	플로어 스탠드	peul-lo-eo seu-taen-deu
lampadario (m)	샹들리에	syang-deul-li-e
gamba (f)	다리	da-ri
bracciolo (m)	팔걸이	pal-geo-ri
spalliera (f)	등받이	deung-ba-ji
cassetto (m)	서랍	seo-rap

70. Biancheria da letto

biancheria (f) da letto	침구	chim-gu
cuscino (m)	베개	be-gae
federa (f)	베갯잇	be-gaen-nit
coperta (f)	이불	i-bul
lenzuolo (m)	시트	si-teu
copriletto (m)	침대보	chim-dae-bo

71. Cucina

cucina (f)	부엌	bu-eok
gas (m)	가스	ga-seu
fornello (m) a gas	가스 레인지	ga-seu re-in-ji
fornello (m) elettrico	전기 레인지	jeon-gi re-in-ji
forno (m)	오븐	o-beun
forno (m) a microonde	전자 레인지	jeon-ja re-in-ji
frigorifero (m)	냉장고	naeng-jang-go
congelatore (m)	냉동고	naeng-dong-go
lavastoviglie (f)	식기 세척기	sik-gi se-cheok-gi
tritacarne (m)	고기 분쇄기	go-gi bun-swae-gi
spremifrutta (m)	과즙기	gwa-jeup-gi
tostapane (m)	토스터	to-seu-teo
mixer (m)	믹서기	mik-seo-gi
macchina (f) da caffè	커피 메이커	keo-pi me-i-keo
caffettiera (f)	커피 주전자	keo-pi ju-jeon-ja
macinacaffè (m)	커피 그라인더	keo-pi geu-ra-in-deo
bollitore (m)	주전자	ju-jeon-ja
teiera (f)	티팟	ti-pat
coperchio (m)	뚜껑	ttu-kkeong
colino (m) da tè	차거름망	cha-geo-reum-mang

cucchiaio (m)	숟가락	sut-ga-rak
cucchiaino (m) da tè	티스푼	ti-seu-pun
cucchiaio (m)	숟가락	sut-ga-rak
forchetta (f)	포크	po-keu
coltello (m)	칼	kal

stoviglie (f pl)	식기	sik-gi
piatto (m)	접시	jeop-si
piattino (m)	받침 접시	bat-chim jeop-si

cicchetto (m)	소주잔	so-ju-jan
bicchiere (m) (~ d'acqua)	유리잔	yu-ri-jan
tazzina (f)	컵	keop

zuccheriera (f)	설탕그릇	seol-tang-geu-reut
saliera (f)	소금통	so-geum-tong
pepiera (f)	후추통	hu-chu-tong
burriera (f)	버터 접시	beo-teo jeop-si

pentola (f)	냄비	naem-bi
padella (f)	프라이팬	peu-ra-i-paen
mestolo (m)	국자	guk-ja
colapasta (m)	체	che
vassoio (m)	쟁반	jaeng-ban

bottiglia (f)	병	byeong
barattolo (m) di vetro	유리병	yu-ri-byeong
latta, lattina (f)	캔, 깡통	kaen, kkang-tong

apribottiglie (m)	병따개	byeong-tta-gae
apriscatole (m)	깡통 따개	kkang-tong tta-gae
cavatappi (m)	코르크 마개 뽑이	ko-reu-keu ma-gae ppo-bi
filtro (m)	필터	pil-teo
filtrare (vt)	여과하다	yeo-gwa-ha-da

| spazzatura (f) | 쓰레기 | sseu-re-gi |
| pattumiera (f) | 쓰레기통 | sseu-re-gi-tong |

72. Bagno

bagno (m)	욕실	yok-sil
acqua (f)	물	mul
rubinetto (m)	수도꼭지	su-do-kkok-ji
acqua (f) calda	온수	on-su
acqua (f) fredda	냉수	naeng-su

dentifricio (m)	치약	chi-yak
lavarsi i denti	이를 닦다	i-reul dak-da
rasarsi (vr)	깎다	kkak-da
schiuma (f) da barba	면도 크림	myeon-do keu-rim

rasoio (m)	면도기	myeon-do-gi
lavare (vt)	씻다	ssit-da
fare un bagno	목욕하다	mo-gyok-a-da
doccia (f)	샤워	sya-wo
fare una doccia	샤워하다	sya-wo-ha-da
vasca (f) da bagno	욕조	yok-jo
water (m)	변기	byeon-gi
lavandino (m)	세면대	se-myeon-dae
sapone (m)	비누	bi-nu
porta (m) sapone	비누 그릇	bi-nu geu-reut
spugna (f)	스펀지	seu-peon-ji
shampoo (m)	샴푸	syam-pu
asciugamano (m)	수건	su-geon
accappatoio (m)	목욕가운	mo-gyok-ga-un
bucato (m)	빨래	ppal-lae
lavatrice (f)	세탁기	se-tak-gi
fare il bucato	빨래하다	ppal-lae-ha-da
detersivo (m) per il bucato	가루세제	ga-ru-se-je

73. Elettrodomestici

televisore (m)	텔레비전	tel-le-bi-jeon
registratore (m) a nastro	카세트 플레이어	ka-se-teu peul-le-i-eo
videoregistratore (m)	비디오테이프 녹화기	bi-di-o-te-i-peu nok-wa-gi
radio (f)	라디오	ra-di-o
lettore (m)	플레이어	peul-le-i-eo
videoproiettore (m)	프로젝터	peu-ro-jek-teo
home cinema (m)	홈씨어터	hom-ssi-eo-teo
lettore (m) DVD	디비디 플레이어	di-bi-di peul-le-i-eo
amplificatore (m)	앰프	aem-peu
console (f) video giochi	게임기	ge-im-gi
videocamera (f)	캠코더	kaem-ko-deo
macchina (f) fotografica	카메라	ka-me-ra
fotocamera (f) digitale	디지털 카메라	di-ji-teol ka-me-ra
aspirapolvere (m)	진공 청소기	jin-gong cheong-so-gi
ferro (m) da stiro	다리미	da-ri-mi
asse (f) da stiro	다림질 판	da-rim-jil pan
telefono (m)	전화	jeon-hwa
telefonino (m)	휴대폰	hyu-dae-pon
macchina (f) da scrivere	타자기	ta-ja-gi
macchina (f) da cucire	재봉틀	jae-bong-teul
microfono (m)	마이크	ma-i-keu

| cuffia (f) | 헤드폰 | he-deu-pon |
| telecomando (m) | 원격 조종 | won-gyeok jo-jong |

CD (m)	씨디	ssi-di
cassetta (f)	테이프	te-i-peu
disco (m) (vinile)	레코드 판	re-ko-deu pan

T&P BOOKS

LA TERRA. TEMPO

T&P Books Publishing

cosmo (m)	우주	u-ju
cosmico, spaziale (agg)	우주의	u-ju-ui
spazio (m) cosmico	우주 공간	u-ju gong-gan
mondo (m)	세계	se-gye
universo (m)	우주	u-ju
galassia (f)	은하	eun-ha
stella (f)	별, 항성	byeol, hang-seong
costellazione (f)	별자리	byeol-ja-ri
pianeta (m)	행성	haeng-seong
satellite (m)	인공위성	in-gong-wi-seong
meteorite (m)	운석	un-seok
cometa (f)	혜성	hye-seong
asteroide (m)	소행성	so-haeng-seong
orbita (f)	궤도	gwe-do
ruotare (vi)	회전한다	hoe-jeon-han-da
atmosfera (f)	대기	dae-gi
il Sole	태양	tae-yang
sistema (m) solare	태양계	tae-yang-gye
eclisse (f) solare	일식	il-sik
la Terra	지구	ji-gu
la Luna	달	dal
Marte (m)	화성	hwa-seong
Venere (f)	금성	geum-seong
Giove (m)	목성	mok-seong
Saturno (m)	토성	to-seong
Mercurio (m)	수성	su-seong
Urano (m)	천왕성	cheon-wang-seong
Nettuno (m)	해왕성	hae-wang-seong
Plutone (m)	명왕성	myeong-wang-seong
Via (f) Lattea	은하수	eun-ha-su
Orsa (f) Maggiore	큰곰자리	keun-gom-ja-ri
Stella (f) Polare	북극성	buk-geuk-seong
marziano (m)	화성인	hwa-seong-in
extraterrestre (m)	외계인	oe-gye-in
alieno (m)	외계인	oe-gye-in

disco (m) volante	비행 접시	bi-haeng jeop-si
nave (f) spaziale	우주선	u-ju-seon
stazione (f) spaziale	우주 정거장	u-ju jeong-nyu-jang
motore (m)	엔진	en-jin
ugello (m)	노즐	no-jeul
combustibile (m)	연료	yeol-lyo
cabina (f) di pilotaggio	조종석	jo-jong-seok
antenna (f)	안테나	an-te-na
oblò (m)	현창	hyeon-chang
batteria (f) solare	태양 전지	tae-yang jeon-ji
scafandro (m)	우주복	u-ju-bok
imponderabilità (f)	무중력	mu-jung-nyeok
ossigeno (m)	산소	san-so
aggancio (m)	도킹	do-king
agganciarsi (vr)	도킹하다	do-king-ha-da
osservatorio (m)	천문대	cheon-mun-dae
telescopio (m)	망원경	mang-won-gyeong
osservare (vt)	관찰하다	gwan-chal-ha-da
esplorare (vt)	탐험하다	tam-heom-ha-da

75. La Terra

la Terra	지구	ji-gu
globo (m) terrestre	지구	ji-gu
pianeta (m)	행성	haeng-seong
atmosfera (f)	대기	dae-gi
geografia (f)	지리학	ji-ri-hak
natura (f)	자연	ja-yeon
mappamondo (m)	지구의	ji-gu-ui
carta (f) geografica	지도	ji-do
atlante (m)	지도첩	ji-do-cheop
Europa (f)	유럽	yu-reop
Asia (f)	아시아	a-si-a
Africa (f)	아프리카	a-peu-ri-ka
Australia (f)	호주	ho-ju
America (f)	아메리카 대륙	a-me-ri-ka dae-ryuk
America (f) del Nord	북아메리카	bu-ga-me-ri-ka
America (f) del Sud	남아메리카	nam-a-me-ri-ka
Antartide (f)	남극 대륙	nam-geuk dae-ryuk
Artico (m)	극지방	geuk-ji-bang

76. Punti cardinali

nord (m)	북쪽	buk-jjok
a nord	북쪽으로	buk-jjo-geu-ro
al nord	북쪽에	buk-jjo-ge
del nord (agg)	북쪽의	buk-jjo-gui
sud (m)	남쪽	nam-jjok
a sud	남쪽으로	nam-jjo-geu-ro
al sud	남쪽에	nam-jjo-ge
del sud (agg)	남쪽의	nam-jjo-gui
ovest (m)	서쪽	seo-jjok
a ovest	서쪽으로	seo-jjo-geu-ro
all'ovest	서쪽에	seo-jjo-ge
dell'ovest, occidentale	서쪽의	seo-jjo-gui
est (m)	동쪽	dong-jjok
a est	동쪽으로	dong-jjo-geu-ro
all'est	동쪽에	dong-jjo-ge
dell'est, orientale	동쪽의	dong-jjo-gui

77. Mare. Oceano

mare (m)	바다	ba-da
oceano (m)	대양	dae-yang
golfo (m)	만	man
stretto (m)	해협	hae-hyeop
continente (m)	대륙	dae-ryuk
isola (f)	섬	seom
penisola (f)	반도	ban-do
arcipelago (m)	군도	gun-do
baia (f)	만	man
porto (m)	항구	hang-gu
laguna (f)	석호	seok-o
capo (m)	곶	got
atollo (m)	환초	hwan-cho
scogliera (f)	암초	am-cho
corallo (m)	산호	san-ho
barriera (f) corallina	산호초	san-ho-cho
profondo (agg)	깊은	gi-peun
profondità (f)	깊이	gi-pi
fossa (f) (~ delle Marianne)	해구	hae-gu
corrente (f)	해류	hae-ryu
circondare (vt)	둘러싸다	dul-leo-ssa-da

litorale (m)	해변	hae-byeon
costa (f)	바닷가	ba-dat-ga
alta marea (f)	밀물	mil-mul
bassa marea (f)	썰물	sseol-mul
banco (m) di sabbia	모래톱	mo-rae-top
fondo (m)	해저	hae-jeo
onda (f)	파도	pa-do
cresta (f) dell'onda	물마루	mul-ma-ru
schiuma (f)	거품	geo-pum
uragano (m)	허리케인	heo-ri-ke-in
tsunami (m)	해일	hae-il
bonaccia (f)	고요함	go-yo-ham
tranquillo (agg)	고요한	go-yo-han
polo (m)	극	geuk
polare (agg)	극지의	geuk-ji-ui
latitudine (f)	위도	wi-do
longitudine (f)	경도	gyeong-do
parallelo (m)	위도선	wi-do-seon
equatore (m)	적도	jeok-do
cielo (m)	하늘	ha-neul
orizzonte (m)	수평선	su-pyeong-seon
aria (f)	공기	gong-gi
faro (m)	등대	deung-dae
tuffarsi (vr)	뛰어들다	ttwi-eo-deul-da
affondare (andare a fondo)	가라앉다	ga-ra-an-da
tesori (m)	보물	bo-mul

78. Nomi dei mari e degli oceani

Oceano (m) Atlantico	대서양	dae-seo-yang
Oceano (m) Indiano	인도양	in-do-yang
Oceano (m) Pacifico	태평양	tae-pyeong-yang
mar (m) Glaciale Artico	북극해	buk-geuk-ae
mar (m) Nero	흑해	heuk-ae
mar (m) Rosso	홍해	hong-hae
mar (m) Giallo	황해	hwang-hae
mar (m) Bianco	백해	baek-ae
mar (m) Caspio	카스피 해	ka-seu-pi hae
mar (m) Morto	사해	sa-hae
mar (m) Mediterraneo	지중해	ji-jung-hae
mar (m) Egeo	에게 해	e-ge hae

mar (m) Adriatico	아드리아 해	a-deu-ri-a hae
mar (m) Arabico	아라비아 해	a-ra-bi-a hae
mar (m) del Giappone	동해	dong-hae
mare (m) di Bering	베링 해	be-ring hae
mar (m) Cinese meridionale	남중국해	nam-jung-guk-ae
mar (m) dei Coralli	산호해	san-ho-hae
mar (m) di Tasman	태즈먼 해	tae-jeu-meon hae
mar (m) dei Caraibi	카리브 해	ka-ri-beu hae
mare (m) di Barents	바렌츠 해	ba-ren-cheu hae
mare (m) di Kara	카라 해	ka-ra hae
mare (m) del Nord	북해	buk-ae
mar (m) Baltico	발트 해	bal-teu hae
mare (m) di Norvegia	노르웨이 해	no-reu-we-i hae

79. Montagne

monte (m), montagna (f)	산	san
catena (f) montuosa	산맥	san-maek
crinale (m)	능선	neung-seon
cima (f)	정상	jeong-sang
picco (m)	봉우리	bong-u-ri
piedi (m pl)	기슭	gi-seuk
pendio (m)	경사면	gyeong-sa-myeon
vulcano (m)	화산	hwa-san
vulcano (m) attivo	활화산	hwal-hwa-san
vulcano (m) inattivo	사화산	sa-hwa-san
eruzione (f)	폭발	pok-bal
cratere (m)	분화구	bun-hwa-gu
magma (m)	마그마	ma-geu-ma
lava (f)	용암	yong-am
fuso (lava ~a)	녹은	no-geun
canyon (m)	협곡	hyeop-gok
gola (f)	협곡	hyeop-gok
crepaccio (m)	갈라진	gal-la-jin
passo (m), valico (m)	산길	san-gil
altopiano (m)	고원	go-won
falesia (f)	절벽	jeol-byeok
collina (f)	언덕, 작은 산	eon-deok, ja-geun san
ghiacciaio (m)	빙하	bing-ha
cascata (f)	폭포	pok-po
geyser (m)	간헐천	gan-heol-cheon

lago (m)	호수	ho-su
pianura (f)	평원	pyeong-won
paesaggio (m)	경관	gyeong-gwan
eco (f)	메아리	me-a-ri

alpinista (m)	등산가	deung-san-ga
scalatore (m)	암벽 등반가	am-byeok deung-ban-ga
conquistare (~ una cima)	정복하다	jeong-bok-a-da
scalata (f)	등반	deung-ban

80. Nomi delle montagne

Alpi (f pl)	알프스 산맥	al-peu-seu san-maek
Monte (m) Bianco	몽블랑 산	mong-beul-lang san
Pirenei (m pl)	피레네 산맥	pi-re-ne san-maek

Carpazi (m pl)	카르파티아 산맥	ka-reu-pa-ti-a san-maek
gli Urali (m pl)	우랄 산맥	u-ral san-maek
Caucaso (m)	코카서스 산맥	ko-ka-seo-seu san-maek
Monte (m) Elbrus	엘브루스 산	el-beu-ru-seu san

Monti (m pl) Altai	알타이 산맥	al-ta-i san-maek
Tien Shan (m)	톈샨 산맥	ten-syan san-maek
Pamir (m)	파미르 고원	pa-mi-reu go-won
Himalaia (m)	히말라야 산맥	hi-mal-la-ya san-maek
Everest (m)	에베레스트 산	e-be-re-seu-teu san

| Ande (f pl) | 안데스 산맥 | an-de-seu san-maek |
| Kilimangiaro (m) | 킬리만자로 산 | kil-li-man-ja-ro san |

81. Fiumi

fiume (m)	강	gang
fonte (f) (sorgente)	샘	saem
letto (m) (~ del fiume)	강바닥	gang-ba-dak
bacino (m)	유역	yu-yeok
sfociare nel ...	··· 로 흘러가다	... ro heul-leo-ga-da

| affluente (m) | 지류 | ji-ryu |
| riva (f) | 둑 | duk |

corrente (f)	흐름	heu-reum
a valle	하류로	gang ha-ryu-ro
a monte	상류로	sang-nyu-ro

inondazione (f)	홍수	hong-su
piena (f)	홍수	hong-su
straripare (vi)	범람하다	beom-nam-ha-da

inondare (vt)	범람하다	beom-nam-ha-da
secca (f)	얕은 곳	ya-teun got
rapida (f)	여울	yeo-ul
diga (f)	댐	daem
canale (m)	운하	un-ha
bacino (m) di riserva	저수지	jeo-su-ji
chiusa (f)	수문	su-mun
specchio (m) d'acqua	저장 수량	jeo-jang su-ryang
palude (f)	늪, 소택지	neup, so-taek-ji
pantano (m)	수렁	su-reong
vortice (m)	소용돌이	so-yong-do-ri
ruscello (m)	개울, 시내	gae-ul, si-nae
potabile (agg)	마실 수 있는	ma-sil su in-neun
dolce (di acqua ~)	민물의	min-mu-rui
ghiaccio (m)	얼음	eo-reum
ghiacciarsi (vr)	얼다	eol-da

82. Nomi dei fiumi

Senna (f)	센 강	sen gang
Loira (f)	루아르 강	ru-a-reu gang
Tamigi (m)	템스 강	tem-seu gang
Reno (m)	라인 강	ra-in gang
Danubio (m)	도나우 강	do-na-u gang
Volga (m)	볼가 강	bol-ga gang
Don (m)	돈 강	don gang
Lena (f)	레나 강	re-na gang
Fiume (m) Giallo	황허강	hwang-heo-gang
Fiume (m) Azzurro	양자강	yang-ja-gang
Mekong (m)	메콩 강	me-kong gang
Gange (m)	갠지스 강	gaen-ji-seu gang
Nilo (m)	나일 강	na-il gang
Congo (m)	콩고 강	kong-go gang
Okavango	오카방고 강	o-ka-bang-go gang
Zambesi (m)	잠베지 강	jam-be-ji gang
Limpopo (m)	림포포 강	rim-po-po gang

83. Foresta

foresta (f)	숲	sup
forestale (agg)	산림의	sal-li-mui

foresta (f) fitta	밀림	mil-lim
boschetto (m)	작은 숲	ja-geun sup
radura (f)	빈터	bin-teo

| roveto (m) | 덤불 | deom-bul |
| boscaglia (f) | 관목지 | gwan-mok-ji |

| sentiero (m) | 오솔길 | o-sol-gil |
| calanco (m) | 도랑 | do-rang |

albero (m)	나무	na-mu
foglia (f)	잎	ip
fogliame (m)	나뭇잎	na-mun-nip

| caduta (f) delle foglie | 낙엽 | na-gyeop |
| cadere (vi) | 떨어지다 | tteo-reo-ji-da |

ramo (m), ramoscello (m)	가지	ga-ji
ramo (m)	큰 가지	keun ga-ji
gemma (f)	잎눈	im-nun
ago (m)	바늘	ba-neul
pigna (f)	솔방울	sol-bang-ul

cavità (f)	구멍	gu-meong
nido (m)	둥지	dung-ji
tana (f) (del fox, ecc.)	굴	gul

tronco (m)	몸통	mom-tong
radice (f)	뿌리	ppu-ri
corteccia (f)	껍질	kkeop-jil
musco (m)	이끼	i-kki

| sradicare (vt) | 수목을 통제 뽑다 | su-mo-geul tong-jjae ppop-da |
| abbattere (~ un albero) | 자르다 | ja-reu-da |

| disboscare (vt) | 삼림을 없애다 | sam-ni-meul reop-sae-da |
| ceppo (m) | 그루터기 | geu-ru-teo-gi |

falò (m)	모닥불	mo-dak-bul
incendio (m) boschivo	산불	san-bul
spegnere (vt)	끄다	kkeu-da

guardia (f) forestale	산림경비원	sal-lim-gyeong-bi-won
protezione (f)	보호	bo-ho
proteggere (~ la natura)	보호하다	bo-ho-ha-da

| bracconiere (m) | 밀렵자 | mil-lyeop-ja |
| tagliola (f) (~ per orsi) | 덫 | deot |

| raccogliere (vt) | 따다 | tta-da |
| perdersi (vr) | 길을 잃다 | gi-reul ril-ta |

84. Risorse naturali

risorse (f pl) naturali	천연 자원	cheo-nyeon ja-won
deposito (m) (~ di carbone)	매장량	mae-jang-nyang
giacimento (m) (~ petrolifero)	지역	ji-yeok
estrarre (vt)	채광하다	chae-gwang-ha-da
estrazione (f)	막장일	mak-jang-il
minerale (m) grezzo	광석	gwang-seok
miniera (f)	광산	gwang-san
pozzo (m) di miniera	갱도	gaeng-do
minatore (m)	광부	gwang-bu
gas (m)	가스	ga-seu
gasdotto (m)	가스관	ga-seu-gwan
petrolio (m)	석유	seo-gyu
oleodotto (m)	석유 파이프라인	seo-gyu pa-i-peu-ra-in
torre (f) di estrazione	유정	yu-jeong
torre (f) di trivellazione	유정탑	yu-jeong-tap
petroliera (f)	유조선	yu-jo-seon
sabbia (f)	모래	mo-rae
calcare (m)	석회석	seok-oe-seok
ghiaia (f)	자갈	ja-gal
torba (f)	토탄	to-tan
argilla (f)	점토	jeom-to
carbone (m)	석탄	seok-tan
ferro (m)	철	cheol
oro (m)	금	geum
argento (m)	은	eun
nichel (m)	니켈	ni-kel
rame (m)	구리	gu-ri
zinco (m)	아연	a-yeon
manganese (m)	망간	mang-gan
mercurio (m)	수은	su-eun
piombo (m)	납	nap
minerale (m)	광물	gwang-mul
cristallo (m)	수정	su-jeong
marmo (m)	대리석	dae-ri-seok
uranio (m)	우라늄	u-ra-nyum

85. Tempo

tempo (m)	날씨	nal-ssi
previsione (f) del tempo	일기 예보	il-gi ye-bo

temperatura (f)	온도	on-do
termometro (m)	온도계	on-do-gye
barometro (m)	기압계	gi-ap-gye
umidità (f)	습함, 습기	seu-pam, seup-gi
caldo (m), afa (f)	더위	deo-wi
molto caldo (agg)	더운	deo-un
fa molto caldo	덥다	deop-da
fa caldo	따뜻하다	tta-tteu-ta-da
caldo, mite (agg)	따뜻한	tta-tteu-tan
fa freddo	춥다	chup-da
freddo (agg)	추운	chu-un
sole (m)	해	hae
splendere (vi)	빛나다	bin-na-da
di sole (una giornata ~)	화창한	hwa-chang-han
sorgere, levarsi (vr)	뜨다	tteu-da
tramontare (vi)	지다	ji-da
nuvola (f)	구름	gu-reum
nuvoloso (agg)	구름의	gu-reum-ui
nuvoloso (agg)	흐린	heu-rin
pioggia (f)	비	bi
piove	비가 오다	bi-ga o-da
piovoso (agg)	비가 오는	bi-ga o-neun
piovigginare (vi)	이슬비가 내리다	i-seul-bi-ga nae-ri-da
pioggia (f) torrenziale	억수	eok-su
acquazzone (m)	호우	ho-u
forte (una ~ pioggia)	심한	sim-han
pozzanghera (f)	웅덩이	ung-deong-i
bagnarsi (~ sotto la pioggia)	젖다	jeot-da
foschia (f), nebbia (f)	안개	an-gae
nebbioso (agg)	안개가 자욱한	an-gae-ga ja-uk-an
neve (f)	눈	nun
nevica	눈이 오다	nun-i o-da

86. Rigide condizioni metereologiche. Disastri naturali

temporale (m)	뇌우	noe-u
fulmine (f)	번개	beon-gae
lampeggiare (vi)	번쩍이다	beon-jjeo-gi-da
tuono (m)	천둥	cheon-dung
tuonare (vi)	천둥이 치다	cheon-dung-i chi-da

tuona	천둥이 치다	cheon-dung-i chi-da
grandine (f)	싸락눈	ssa-rang-nun
grandina	싸락눈이 내리다	ssa-rang-nun-i nae-ri-da
inondare (vt)	범람하다	beom-nam-ha-da
inondazione (f)	홍수	hong-su
terremoto (m)	지진	ji-jin
scossa (f)	진동	jin-dong
epicentro (m)	진앙	jin-ang
eruzione (f)	폭발	pok-bal
lava (f)	용암	yong-am
tromba (f) d'aria	회오리바람	hoe-o-ri-ba-ram
tornado (m)	토네이도	to-ne-i-do
tifone (m)	태풍	tae-pung
uragano (m)	허리케인	heo-ri-ke-in
tempesta (f)	폭풍우	pok-pung-u
tsunami (m)	해일	hae-il
incendio (m)	불	bul
disastro (m)	재해	jae-hae
meteorite (m)	운석	un-seok
valanga (f)	눈사태	nun-sa-tae
slavina (f)	눈사태	nun-sa-tae
tempesta (f) di neve	눈보라	nun-bo-ra
bufera (f) di neve	눈보라	nun-bo-ra

T&P BOOKS

FAUNA

T&P Books Publishing

87. Mammiferi. Predatori

predatore (m)	육식 동물	yuk-sik dong-mul
tigre (f)	호랑이	ho-rang-i
leone (m)	사자	sa-ja
lupo (m)	이리	i-ri
volpe (m)	여우	yeo-u
giaguaro (m)	재규어	jae-gyu-eo
leopardo (m)	표범	pyo-beom
ghepardo (m)	치타	chi-ta
puma (f)	퓨마	pyu-ma
leopardo (m) delle nevi	눈표범	nun-pyo-beom
lince (f)	스라소니	seu-ra-so-ni
coyote (m)	코요테	ko-yo-te
sciacallo (m)	재칼	jae-kal
iena (f)	하이에나	ha-i-e-na

88. Animali selvatici

animale (m)	동물	dong-mul
bestia (f)	짐승	jim-seung
scoiattolo (m)	다람쥐	da-ram-jwi
riccio (m)	고슴도치	go-seum-do-chi
lepre (f)	토끼	to-kki
coniglio (m)	굴토끼	gul-to-kki
tasso (m)	오소리	o-so-ri
procione (f)	너구리	neo-gu-ri
criceto (m)	햄스터	haem-seu-teo
marmotta (f)	마멋	ma-meot
talpa (f)	두더지	du-deo-ji
topo (m)	생쥐	saeng-jwi
ratto (m)	시궁쥐	si-gung-jwi
pipistrello (m)	박쥐	bak-jwi
ermellino (m)	북방족제비	buk-bang-jok-je-bi
zibellino (m)	검은담비	geo-meun-dam-bi
martora (f)	담비	dam-bi
visone (m)	밍크	ming-keu

castoro (m)	비버	bi-beo
lontra (f)	수달	su-dal
cavallo (m)	말	mal
alce (m)	엘크, 무스	el-keu, mu-seu
cervo (m)	사슴	sa-seum
cammello (m)	낙타	nak-ta
bisonte (m) americano	미국들소	mi-guk-deul-so
bisonte (m) europeo	유럽들소	yu-reop-deul-so
bufalo (m)	물소	mul-so
zebra (f)	얼룩말	eol-lung-mal
antilope (f)	영양	yeong-yang
capriolo (m)	노루	no-ru
daino (m)	다마사슴	da-ma-sa-seum
camoscio (m)	샤모아	sya-mo-a
cinghiale (m)	멧돼지	met-dwae-ji
balena (f)	고래	go-rae
foca (f)	바다표범	ba-da-pyo-beom
tricheco (m)	바다코끼리	ba-da-ko-kki-ri
otaria (f)	물개	mul-gae
delfino (m)	돌고래	dol-go-rae
orso (m)	곰	gom
orso (m) bianco	북극곰	buk-geuk-gom
panda (m)	판다	pan-da
scimmia (f)	원숭이	won-sung-i
scimpanzè (m)	침팬지	chim-paen-ji
orango (m)	오랑우탄	o-rang-u-tan
gorilla (m)	고릴라	go-ril-la
macaco (m)	마카크	ma-ka-keu
gibbone (m)	긴팔원숭이	gin-pa-rwon-sung-i
elefante (m)	코끼리	ko-kki-ri
rinoceronte (m)	코뿔소	ko-ppul-so
giraffa (f)	기린	gi-rin
ippopotamo (m)	하마	ha-ma
canguro (m)	캥거루	kaeng-geo-ru
koala (m)	코알라	ko-al-la
mangusta (f)	몽구스	mong-gu-seu
cincillà (f)	친칠라	chin-chil-la
moffetta (f)	스컹크	seu-keong-keu
istrice (m)	호저	ho-jeo

89. Animali domestici

gatta (f)	고양이	go-yang-i
gatto (m)	수고양이	su-go-yang-i
cavallo (m)	말	mal
stallone (m)	수말, 종마	su-mal, jong-ma
giumenta (f)	암말	am-mal
mucca (f)	암소	am-so
toro (m)	황소	hwang-so
bue (m)	수소	su-so
pecora (f)	양, 암양	yang, a-myang
montone (m)	수양	su-yang
capra (f)	염소	yeom-so
caprone (m)	숫염소	sun-nyeom-so
asino (m)	당나귀	dang-na-gwi
mulo (m)	노새	no-sae
porco (m)	돼지	dwae-ji
porcellino (m)	돼지 새끼	dwae-ji sae-kki
coniglio (m)	집토끼	jip-to-kki
gallina (f)	암탉	am-tak
gallo (m)	수탉	su-tak
anatra (f)	집오리	ji-bo-ri
maschio (m) dell'anatra	수오리	su-o-ri
oca (f)	집거위	jip-geo-wi
tacchino (m)	수칠면조	su-chil-myeon-jo
tacchina (f)	칠면조	chil-myeon-jo
animali (m pl) domestici	가축	ga-chuk
addomesticato (agg)	길들여진	gil-deu-ryeo-jin
addomesticare (vt)	길들이다	gil-deu-ri-da
allevare (vt)	사육하다, 기르다	sa-yuk-a-da, gi-reu-da
fattoria (f)	농장	nong-jang
pollame (m)	가금	ga-geum
bestiame (m)	가축	ga-chuk
branco (m), mandria (f)	떼	tte
scuderia (f)	마구간	ma-gu-gan
porcile (m)	돼지 우리	dwae-ji u-ri
stalla (f)	외양간	oe-yang-gan
conigliera (f)	토끼장	to-kki-jang
pollaio (m)	닭장	dak-jang

90. Uccelli

uccello (m)	새	sae
colombo (m), piccione (m)	비둘기	bi-dul-gi
passero (m)	참새	cham-sae
cincia (f)	박새	bak-sae
gazza (f)	까치	kka-chi
corvo (m)	갈가마귀	gal-ga-ma-gwi
cornacchia (f)	까마귀	kka-ma-gwi
taccola (f)	갈가마귀	gal-ga-ma-gwi
corvo (m) nero	떼까마귀	ttae-kka-ma-gwi
anatra (f)	오리	o-ri
oca (f)	거위	geo-wi
fagiano (m)	꿩	kkwong
aquila (f)	독수리	dok-su-ri
astore (m)	매	mae
falco (m)	매	mae
grifone (m)	독수리, 콘도르	dok-su-ri, kon-do-reu
condor (m)	콘도르	kon-do-reu
cigno (m)	백조	baek-jo
gru (f)	두루미	du-ru-mi
cicogna (f)	황새	hwang-sae
pappagallo (m)	앵무새	aeng-mu-sae
colibrì (m)	벌새	beol-sae
pavone (m)	공작	gong-jak
struzzo (m)	타조	ta-jo
airone (m)	왜가리	wae-ga-ri
fenicottero (m)	플라밍고	peul-la-ming-go
pellicano (m)	펠리컨	pel-li-keon
usignolo (m)	나이팅게일	na-i-ting-ge-il
rondine (f)	제비	je-bi
tordo (m)	지빠귀	ji-ppa-gwi
tordo (m) sasello	노래지빠귀	no-rae-ji-ppa-gwi
merlo (m)	대륙검은지빠귀	dae-ryuk-geo-meun-ji-ppa-gwi
rondone (m)	칼새	kal-sae
allodola (f)	종다리	jong-da-ri
quaglia (f)	메추라기	me-chu-ra-gi
picchio (m)	딱따구리	ttak-tta-gu-ri
cuculo (m)	뻐꾸기	ppeo-kku-gi
civetta (f)	올빼미	ol-ppae-mi

gufo (m) reale	수리부엉이	su-ri-bu-eong-i
urogallo (m)	큰뇌조	keun-noe-jo
fagiano (m) di monte	멧닭	met-dak
pernice (f)	자고	ja-go
storno (m)	찌르레기	jji-reu-re-gi
canarino (m)	카나리아	ka-na-ri-a
fringuello (m)	되새	doe-sae
ciuffolotto (m)	피리새	pi-ri-sae
gabbiano (m)	갈매기	gal-mae-gi
albatro (m)	신천옹	sin-cheon-ong
pinguino (m)	펭귄	peng-gwin

91. Pesci. Animali marini

abramide (f)	도미류	do-mi-ryu
carpa (f)	잉어	ing-eo
perca (f)	농어의 일종	nong-eo-ui il-jong
pesce (m) gatto	메기	me-gi
luccio (m)	북부민물꼬치고기	buk-bu-min-mul-kko-chi-go-gi
salmone (m)	연어	yeon-eo
storione (m)	철갑상어	cheol-gap-sang-eo
aringa (f)	청어	cheong-eo
salmone (m)	대서양 연어	dae-seo-yang yeon-eo
scombro (m)	고등어	go-deung-eo
sogliola (f)	넙치	neop-chi
merluzzo (m)	대구	dae-gu
tonno (m)	참치	cham-chi
trota (f)	송어	song-eo
anguilla (f)	뱀장어	baem-jang-eo
torpedine (f)	시끈가오리	si-kkeun-ga-o-ri
murena (f)	곰치	gom-chi
piranha (f)	피라니아	pi-ra-ni-a
squalo (m)	상어	sang-eo
delfino (m)	돌고래	dol-go-rae
balena (f)	고래	go-rae
granchio (m)	게	ge
medusa (f)	해파리	hae-pa-ri
polpo (m)	낙지	nak-ji
stella (f) marina	불가사리	bul-ga-sa-ri
riccio (m) di mare	성게	seong-ge

cavalluccio (m) marino	해마	hae-ma
ostrica (f)	굴	gul
gamberetto (m)	새우	sae-u
astice (m)	바닷가재	ba-dat-ga-jae
aragosta (f)	대하	dae-ha

92. Anfibi. Rettili

| serpente (m) | 뱀 | baem |
| velenoso (agg) | 독이 있는 | do-gi in-neun |

vipera (f)	살무사	sal-mu-sa
cobra (m)	코브라	ko-beu-ra
pitone (m)	비단뱀	bi-dan-baem
boa (m)	보아	bo-a

biscia (f)	풀뱀	pul-baem
serpente (m) a sonagli	방울뱀	bang-ul-baem
anaconda (f)	아나콘다	a-na-kon-da

lucertola (f)	도마뱀	do-ma-baem
iguana (f)	이구아나	i-gu-a-na
salamandra (f)	도롱뇽	do-rong-nyong
camaleonte (m)	카멜레온	ka-mel-le-on
scorpione (m)	전갈	jeon-gal

tartaruga (f)	거북	geo-buk
rana (f)	개구리	gae-gu-ri
rospo (m)	두꺼비	du-kkeo-bi
coccodrillo (m)	악어	a-geo

93. Insetti

insetto (m)	곤충	gon-chung
farfalla (f)	나비	na-bi
formica (f)	개미	gae-mi
mosca (f)	파리	pa-ri
zanzara (f)	모기	mo-gi
scarabeo (m)	딱정벌레	ttak-jeong-beol-le

vespa (f)	말벌	mal-beol
ape (f)	꿀벌	kkul-beol
bombo (m)	호박벌	ho-bak-beol
tafano (m)	쇠파리	soe-pa-ri

ragno (m)	거미	geo-mi
ragnatela (f)	거미줄	geo-mi-jul
libellula (f)	잠자리	jam-ja-ri

cavalletta (f)	메뚜기	me-ttu-gi
farfalla (f) notturna	나방	na-bang
scarafaggio (m)	바퀴벌레	ba-kwi-beol-le
zecca (f)	진드기	jin-deu-gi
pulce (f)	벼룩	byeo-ruk
moscerino (m)	깔따구	kkal-tta-gu
locusta (f)	메뚜기	me-ttu-gi
lumaca (f)	달팽이	dal-paeng-i
grillo (m)	귀뚜라미	gwi-ttu-ra-mi
lucciola (f)	개똥벌레	gae-ttong-beol-le
coccinella (f)	무당벌레	mu-dang-beol-le
maggiolino (m)	왕풍뎅이	wang-pung-deng-i
sanguisuga (f)	거머리	geo-meo-ri
bruco (m)	애벌레	ae-beol-le
verme (m)	지렁이	ji-reong-i
larva (f)	애벌레	ae-beol-le

T&P BOOKS

FLORA

T&P Books Publishing

albero (m)	나무	na-mu
deciduo (agg)	낙엽수의	na-gyeop-su-ui
conifero (agg)	침엽수의	chi-myeop-su-ui
sempreverde (agg)	상록의	sang-no-gui
melo (m)	사과나무	sa-gwa-na-mu
pero (m)	배나무	bae-na-mu
ciliegio (m), amareno (m)	벚나무	beon-na-mu
prugno (m)	자두나무	ja-du-na-mu
betulla (f)	자작나무	ja-jang-na-mu
quercia (f)	오크	o-keu
tiglio (m)	보리수	bo-ri-su
pioppo (m) tremolo	사시나무	sa-si-na-mu
acero (m)	단풍나무	dan-pung-na-mu
abete (m)	가문비나무	ga-mun-bi-na-mu
pino (m)	소나무	so-na-mu
larice (m)	낙엽송	na-gyeop-song
abete (m) bianco	전나무	jeon-na-mu
cedro (m)	시다	si-da
pioppo (m)	포플러	po-peul-leo
sorbo (m)	마가목	ma-ga-mok
salice (m)	버드나무	beo-deu-na-mu
alno (m)	오리나무	o-ri-na-mu
faggio (m)	너도밤나무	neo-do-bam-na-mu
olmo (m)	느릅나무	neu-reum-na-mu
frassino (m)	물푸레나무	mul-pu-re-na-mu
castagno (m)	밤나무	bam-na-mu
magnolia (f)	목련	mong-nyeon
palma (f)	야자나무	ya-ja-na-mu
cipresso (m)	사이프러스	sa-i-peu-reo-seu
mangrovia (f)	맹그로브	maeng-geu-ro-beu
baobab (m)	바오밥나무	ba-o-bam-na-mu
eucalipto (m)	유칼립투스	yu-kal-lip-tu-seu
sequoia (f)	세쿼이아	se-kwo-i-a

95. Arbusti

cespuglio (m)	덤불	deom-bul
arbusto (m)	관목	gwan-mok
vite (f)	포도 덩굴	po-do deong-gul
vigneto (m)	포도밭	po-do-bat
lampone (m)	라즈베리	ra-jeu-be-ri
ribes (m) rosso	레드커런트 나무	re-deu-keo-reon-teu na-mu
uva (f) spina	구스베리 나무	gu-seu-be-ri na-mu
acacia (f)	아카시아	a-ka-si-a
crespino (m)	매자나무	mae-ja-na-mu
gelsomino (m)	재스민	jae-seu-min
ginepro (m)	두송	du-song
roseto (m)	장미 덤불	jang-mi deom-bul
rosa (f) canina	찔레나무	jjil-le-na-mu

96. Frutti. Bacche

mela (f)	사과	sa-gwa
pera (f)	배	bae
prugna (f)	자두	ja-du
fragola (f)	딸기	ttal-gi
amarena (f)	신양	si-nyang
ciliegia (f)	양벚나무	yang-beon-na-mu
uva (f)	포도	po-do
lampone (m)	라즈베리	ra-jeu-be-ri
ribes (m) nero	블랙커런트	beul-laek-keo-ren-teu
ribes (m) rosso	레드커런트	re-deu-keo-ren-teu
uva (f) spina	구스베리	gu-seu-be-ri
mirtillo (m) di palude	크랜베리	keu-raen-be-ri
arancia (f)	오렌지	o-ren-ji
mandarino (m)	귤	gyul
ananas (m)	파인애플	pa-in-ae-peul
banana (f)	바나나	ba-na-na
dattero (m)	대추야자	dae-chu-ya-ja
limone (m)	레몬	re-mon
albicocca (f)	살구	sal-gu
pesca (f)	복숭아	bok-sung-a
kiwi (m)	키위	ki-wi
pompelmo (m)	자몽	ja-mong

bacca (f)	장과	jang-gwa
bacche (f pl)	장과류	jang-gwa-ryu
mirtillo (m) rosso	월귤나무	wol-gyul-la-mu
fragola (f) di bosco	야생딸기	ya-saeng-ttal-gi
mirtillo (m)	빌베리	bil-be-ri

97. Fiori. Piante

fiore (m)	꽃	kkot
mazzo (m) di fiori	꽃다발	kkot-da-bal
rosa (f)	장미	jang-mi
tulipano (m)	튤립	tyul-lip
garofano (m)	카네이션	ka-ne-i-syeon
gladiolo (m)	글라디올러스	geul-la-di-ol-leo-seu
fiordaliso (m)	수레국화	su-re-guk-wa
campanella (f)	실잔대	sil-jan-dae
soffione (m)	민들레	min-deul-le
camomilla (f)	캐모마일	kae-mo-ma-il
aloe (m)	알로에	al-lo-e
cactus (m)	선인장	seon-in-jang
ficus (m)	고무나무	go-mu-na-mu
giglio (m)	백합	baek-ap
geranio (m)	제라늄	je-ra-nyum
giacinto (m)	히아신스	hi-a-sin-seu
mimosa (f)	미모사	mi-mo-sa
narciso (m)	수선화	su-seon-hwa
nasturzio (m)	한련	hal-lyeon
orchidea (f)	난초	nan-cho
peonia (f)	모란	mo-ran
viola (f)	바이올렛	ba-i-ol-let
viola (f) del pensiero	팬지	paen-ji
nontiscordardimé (m)	물망초	mul-mang-cho
margherita (f)	데이지	de-i-ji
papavero (m)	양귀비	yang-gwi-bi
canapa (f)	삼	sam
menta (f)	박하	bak-a
mughetto (m)	은방울꽃	eun-bang-ul-kkot
bucaneve (m)	스노드롭	seu-no-deu-rop
ortica (f)	쐐기풀	sswae-gi-pul
acetosa (f)	수영	su-yeong

ninfea (f)	수련	su-ryeon
felce (f)	고사리	go-sa-ri
lichene (m)	이끼	i-kki
serra (f)	온실	on-sil
prato (m) erboso	잔디	jan-di
aiuola (f)	꽃밭	kkot-bat
pianta (f)	식물	sing-mul
erba (f)	풀	pul
filo (m) d'erba	풀잎	pu-rip
foglia (f)	잎	ip
petalo (m)	꽃잎	kko-chip
stelo (m)	줄기	jul-gi
tubero (m)	구근	gu-geun
germoglio (m)	새싹	sae-ssak
spina (f)	가시	ga-si
fiorire (vi)	피우다	pi-u-da
appassire (vi)	시들다	si-deul-da
odore (m), profumo (m)	향기	hyang-gi
tagliare (~ i fiori)	자르다	ja-reu-da
cogliere (vt)	따다	tta-da

98. Cereali, granaglie

grano (m)	곡물	gong-mul
cereali (m pl)	곡류	gong-nyu
spiga (f)	이삭	i-sak
frumento (m)	밀	mil
segale (f)	호밀	ho-mil
avena (f)	귀리	gwi-ri
miglio (m)	수수, 기장	su-su, gi-jang
orzo (m)	보리	bo-ri
mais (m)	옥수수	ok-su-su
riso (m)	쌀	ssal
grano (m) saraceno	메밀	me-mil
pisello (m)	완두	wan-du
fagiolo (m)	강낭콩	gang-nang-kong
soia (f)	콩	kong
lenticchie (f pl)	렌즈콩	ren-jeu-kong
fave (f pl)	콩	kong

T&P BOOKS

PAESI

T&P Books Publishing

Afghanistan (m)	아프가니스탄	a-peu-ga-ni-seu-tan
Albania (f)	알바니아	al-ba-ni-a
Arabia Saudita (f)	사우디아라비아	sa-u-di-a-ra-bi-a
Argentina (f)	아르헨티나	a-reu-hen-ti-na
Armenia (f)	아르메니아	a-reu-me-ni-a
Australia (f)	호주	ho-ju
Austria (f)	오스트리아	o-seu-teu-ri-a
Azerbaigian (m)	아제르바이잔	a-je-reu-ba-i-jan
Le Bahamas	바하마	ba-ha-ma
Bangladesh (m)	방글라데시	bang-geul-la-de-si
Belgio (m)	벨기에	bel-gi-e
Bielorussia (f)	벨로루시	bel-lo-ru-si
Birmania (f)	미얀마	mi-yan-ma
Bolivia (f)	볼리비아	bol-li-bi-a
Bosnia-Erzegovina (f)	보스니아 헤르체코비나	bo-seu-ni-a he-reu-che-ko-bi-na
Brasile (m)	브라질	beu-ra-jil
Bulgaria (f)	불가리아	bul-ga-ri-a
Cambogia (f)	캄보디아	kam-bo-di-a
Canada (m)	캐나다	kae-na-da
Cile (m)	칠레	chil-le
Cina (f)	중국	jung-guk
Cipro (m)	키프로스	ki-peu-ro-seu
Colombia (f)	콜롬비아	kol-lom-bi-a
Corea (f) del Nord	북한	buk-an
Corea (f) del Sud	한국	han-guk
Croazia (f)	크로아티아	keu-ro-a-ti-a
Cuba (f)	쿠바	ku-ba
Danimarca (f)	덴마크	den-ma-keu
Ecuador (m)	에콰도르	e-kwa-do-reu
Egitto (m)	이집트	i-jip-teu
Emirati (m pl) Arabi	아랍에미리트	a-ra-be-mi-ri-teu
Estonia (f)	에스토니아	e-seu-to-ni-a
Finlandia (f)	핀란드	pil-lan-deu
Francia (f)	프랑스	peu-rang-seu

Georgia (f)	그루지야	geu-ru-ji-ya
Germania (f)	독일	do-gil

Ghana (m)	가나	ga-na
Giamaica (f)	자메이카	ja-me-i-ka
Giappone (m)	일본	il-bon
Giordania (f)	요르단	yo-reu-dan
Gran Bretagna (f)	영국	yeong-guk
Grecia (f)	그리스	geu-ri-seu
Haiti (m)	아이티	a-i-ti
India (f)	인도	in-do
Indonesia (f)	인도네시아	in-do-ne-si-a
Inghilterra (f)	잉글랜드	ing-geul-laen-deu
Iran (m)	이란	i-ran
Iraq (m)	이라크	i-ra-keu
Irlanda (f)	아일랜드	a-il-laen-deu
Islanda (f)	아이슬란드	a-i-seul-lan-deu
Israele (m)	이스라엘	i-seu-ra-el
Italia (f)	이탈리아	i-tal-li-a
Kazakistan (m)	카자흐스탄	ka-ja-heu-seu-tan
Kenya (m)	케냐	ke-nya
Kirghizistan (m)	키르기스스탄	ki-reu-gi-seu-seu-tan
Kuwait (m)	쿠웨이트	ku-we-i-teu
Laos (m)	라오스	ra-o-seu
Lettonia (f)	라트비아	ra-teu-bi-a
Libano (m)	레바논	re-ba-non
Libia (f)	리비아	ri-bi-a
Liechtenstein (m)	리히텐슈타인	ri-hi-ten-syu-ta-in
Lituania (f)	리투아니아	ri-tu-a-ni-a
Lussemburgo (m)	룩셈부르크	ruk-sem-bu-reu-keu
Macedonia (f)	마케도니아	ma-ke-do-ni-a
Madagascar (m)	마다가스카르	ma-da-ga-seu-ka-reu
Malesia (f)	말레이시아	mal-le-i-si-a
Malta (f)	몰타	mol-ta
Marocco (m)	모로코	mo-ro-ko
Messico (m)	멕시코	mek-si-ko
Moldavia (f)	몰도바	mol-do-ba
Monaco (m)	모나코	mo-na-ko
Mongolia (f)	몽골	mong-gol
Montenegro (m)	몬테네그로	mon-te-ne-geu-ro
Namibia (f)	나미비아	na-mi-bi-a
Nepal (m)	네팔	ne-pal
Norvegia (f)	노르웨이	no-reu-we-i
Nuova Zelanda (f)	뉴질랜드	nyu-jil-laen-deu

101. Paesi. Parte 3

Paesi Bassi (m pl)	네덜란드	ne-deol-lan-deu
Pakistan (m)	파키스탄	pa-ki-seu-tan

Palestina (f)	팔레스타인	pal-le-seu-ta-in
Panama (m)	파나마	pa-na-ma
Paraguay (m)	파라과이	pa-ra-gwa-i
Perù (m)	페루	pe-ru
Polinesia (f) Francese	폴리네시아	pol-li-ne-si-a
Polonia (f)	폴란드	pol-lan-deu
Portogallo (f)	포르투갈	po-reu-tu-gal
Repubblica (f) Ceca	체코	che-ko
Repubblica (f) Dominicana	도미니카 공화국	do-mi-ni-ka gong-hwa-guk
Repubblica (f) Sudafricana	남아프리카 공화국	nam-a-peu-ri-ka gong-hwa-guk
Romania (f)	루마니아	ru-ma-ni-a
Russia (f)	러시아	reo-si-a
Scozia (f)	스코틀랜드	seu-ko-teul-laen-deu
Senegal (m)	세네갈	se-ne-gal
Serbia (f)	세르비아	se-reu-bi-a
Siria (f)	시리아	si-ri-a
Slovacchia (f)	슬로바키아	seul-lo-ba-ki-a
Slovenia (f)	슬로베니아	seul-lo-be-ni-a
Spagna (f)	스페인	seu-pe-in
Stati (m pl) Uniti d'America	미국	mi-guk
Suriname (m)	수리남	su-ri-nam
Svezia (f)	스웨덴	seu-we-den
Svizzera (f)	스위스	seu-wi-seu
Tagikistan (m)	타지키스탄	ta-ji-ki-seu-tan
Tailandia (f)	태국	tae-guk
Taiwan (m)	대만	dae-man
Tanzania (f)	탄자니아	tan-ja-ni-a
Tasmania (f)	태즈메이니아	tae-jeu-me-i-ni-a
Tunisia (f)	튀니지	twi-ni-ji
Turchia (f)	터키	teo-ki
Turkmenistan (m)	투르크메니스탄	tu-reu-keu-me-ni-seu-tan
Ucraina (f)	우크라이나	u-keu-ra-i-na
Ungheria (f)	헝가리	heong-ga-ri
Uruguay (m)	우루과이	u-ru-gwa-i
Uzbekistan (m)	우즈베키스탄	u-jeu-be-ki-seu-tan
Vaticano (m)	바티칸	ba-ti-kan
Venezuela (f)	베네수엘라	be-ne-su-el-la
Vietnam (m)	베트남	be-teu-nam
Zanzibar	잔지바르	jan-ji-ba-reu

DIZIONARIO GASTRONOMICO

Questa sezione contiene
molti vocaboli e termini
collegati ai generi alimentari.
Questo dizionario renderà
più facile la comprensione
del menù al ristorante per
scegliere il piatto che più
vi piace

T&P Books Publishing

abramide (f)	도미류	do-mi-ryu
aceto (m)	식초	sik-cho
acqua (f)	물	mul
acqua (f) minerale	미네랄 워터	mi-ne-ral rwo-teo
acqua (f) potabile	음료수	eum-nyo-su
affumicato	훈제된	hun-je-doen
aglio (m)	마늘	ma-neul
agnello (m)	양고기	yang-go-gi
al cioccolato	초콜릿의	cho-kol-lis-ui
albicocca (f)	살구	sal-gu
albume (m)	흰자	huin-ja
alloro (m)	월계수잎	wol-gye-su-ip
amarena (f)	신양	si-nyang
amaro	쓴	sseun
analcolico	무알코올의	mu-al-ko-o-rui
ananas (m)	파인애플	pa-in-ae-peul
anatra (f)	오리고기	o-ri-go-gi
aneto (m)	딜	dil
anguilla (f)	뱀장어	baem-jang-eo
anguria (f)	수박	su-bak
anice (m)	아니스	a-ni-seu
antipasto (m)	애피타이저	ae-pi-ta-i-jeo
aperitivo (m)	아페리티프	a-pe-ri-ti-peu
appetito (m)	식욕	si-gyok
apribottiglie (m)	병따개	byeong-tta-gae
apriscatole (m)	깡통 따개	kkang-tong tta-gae
arachide (f)	땅콩	ttang-kong
aragosta (f)	대하	dae-ha
arancia (f)	오렌지	o-ren-ji
aringa (f)	청어	cheong-eo
asparago (m)	아스파라거스	a-seu-pa-ra-geo-seu
avena (f)	귀리	gwi-ri
avocado (m)	아보카도	a-bo-ka-do
bacca (f)	장과	jang-gwa
bacche (f pl)	장과류	jang-gwa-ryu
banana (f)	바나나	ba-na-na
barbabietola (f)	비트	bi-teu
barista (m)	바텐더	ba-ten-deo
basilico (m)	바질	ba-jil
bevanda (f) analcolica	청량음료	cheong-nyang-eum-nyo
bevande (f pl) alcoliche	술	sul
bibita (f)	청량 음료	cheong-nyang eum-nyo
bicchiere (m)	유리잔	yu-ri-jan
birra (f)	맥주	maek-ju

birra (f) chiara	라거	ra-geo
birra (f) scura	흑맥주	heung-maek-ju
biscotti (m pl)	쿠키	ku-ki
bistecca (f)	비프스테이크	bi-peu-seu-te-i-keu
boleto (m) rufo	등색껄껄이그물버섯	deung-saek-kkeol-kkeo-ri-geu-mul-beo-seot
bollito	삶은	sal-meun
briciola (f)	부스러기	bu-seu-reo-gi
broccolo (m)	브로콜리	beu-ro-kol-li
brodo (m)	육수	yuk-su
buccia (f)	껍질	kkeop-jil
Buon appetito!	맛있게 드십시오!	man-nit-ge deu-sip-si-o!
buono, gustoso	맛있는	man-nin-neun
burro (m)	버터	beo-teo
cacciagione (f)	사냥감	sa-nyang-gam
caffè (m)	커피	keo-pi
caffè (m) nero	블랙 커피	beul-laek keo-pi
caffè (m) solubile	인스턴트 커피	in-seu-teon-teu keo-pi
caffè latte (m)	밀크 커피	mil-keu keo-pi
calamaro (m)	오징어	o-jing-eo
caldo	뜨거운	tteu-geo-un
calice (m)	와인글라스	wa-in-geul-la-seu
caloria (f)	칼로리	kal-lo-ri
cameriera (f)	웨이트리스	we-i-teu-ri-seu
cameriere (m)	웨이터	we-i-teo
cannella (f)	계피	gye-pi
cappuccino (m)	카푸치노	ka-pu-chi-no
caramella (f)	사탕	sa-tang
carboidrati (m pl)	탄수화물	tan-su-hwa-mul
carciofo (m)	아티초크	a-ti-cho-keu
carne (f)	고기	go-gi
carne (f) trita	다진 고기	da-jin go-gi
carota (f)	당근	dang-geun
carpa (f)	잉어	ing-eo
cavatappi (m)	코르크 마개 뽑이	ko-reu-keu ma-gae ppo-bi
caviale (m)	캐비어	kae-bi-eo
cavoletti (m pl) di Bruxelles	방울다다기 양배추	bang-ul-da-da-gi yang-bae-chu
cavolfiore (m)	컬리플라워	keol-li-peul-la-wo
cavolo (m)	양배추	yang-bae-chu
cena (f)	저녁식사	jeo-nyeok-sik-sa
cereali (m pl)	곡물	gong-mul
cereali (m pl)	곡류	gong-nyu
cetriolo (m)	오이	o-i
champagne (m)	샴페인	syam-pe-in
chiodi (m pl) di garofano	정향	jeong-hyang
cibi (m pl) in scatola	통조림	tong-jo-rim
cibo (m)	음식	eum-sik
ciliegia (f)	양벗나무	yang-beon-na-mu
cioccolato (m)	초콜릿	cho-kol-lit
cipolla (f)	양파	yang-pa
cocktail (m)	칵테일	kak-te-il

cognac (m)	코냑	ko-nyak
colazione (f)	아침식사	a-chim-sik-sa
coltello (m)	나이프	na-i-peu
con ghiaccio	얼음을 넣은	eo-reu-meul leo-eun
condimento (m)	양념	yang-nyeom
congelato	얼린	eol-lin
coniglio (m)	토끼고기	to-kki-go-gi
conto (m)	계산서	gye-san-seo
contorno (m)	사이드 메뉴	sa-i-deu me-nyu
coriandolo (m)	고수	go-su
crema (f)	버터크림	beo-teo-keu-rim
cren (m)	고추냉이	go-chu-naeng-i
crostata (f)	파이	pa-i
cucchiaino (m) da tè	티스푼	ti-seu-pun
cucchiaio (m)	숟가락	sut-ga-rak
cucchiaio (m)	숟가락	sut-ga-rak
cucina (f)	요리	yo-ri
cumino, comino (m)	캐러웨이	kae-reo-we-i
dattero (m)	대추야자	dae-chu-ya-ja
dieta (f)	다이어트	da-i-eo-teu
dolce	단	dan
dolce (m)	디저트	di-jeo-teu
fagiolo (m)	강낭콩	gang-nang-kong
farina (f)	밀가루	mil-ga-ru
fave (f pl)	콩	kong
fegato (m)	간	gan
fetta (f), fettina (f)	조각	jo-gak
fico (m)	무화과	mu-hwa-gwa
fiocchi (m pl) di mais	콘플레이크	kon-peul-le-i-keu
forchetta (f)	포크	po-keu
formaggio (m)	치즈	chi-jeu
fragola (f)	딸기	ttal-gi
fragola (f) di bosco	야생딸기	ya-saeng-ttal-gi
freddo	차가운	cha-ga-un
frittata (f)	오믈렛	o-meul-let
fritto	튀긴	twi-gin
frizzante	탄산이 든	tan-san-i deun
frullato (m)	밀크 셰이크	mil-keu sye-i-keu
frumento (m)	밀	mil
frutti (m pl) di mare	해물	hae-mul
frutto (m)	과일	gwa-il
fungo (m)	버섯	beo-seot
fungo (m) commestibile	식용 버섯	si-gyong beo-seot
fungo (m) moscario	알광대버섯	al-gwang-dae-beo-seot
fungo (m) velenoso	독버섯	dok-beo-seot
gallinaccio (m)	살구버섯	sal-gu-beo-seot
gamberetto (m)	새우	sae-u
gassata	탄산의	tan-sa-nui
gelato (m)	아이스크림	a-i-seu-keu-rim
ghiaccio (m)	얼음	eo-reum
gin (m)	진	jin
gomma (f) da masticare	껌	kkeom

granchio (m)	게	ge
grano (m)	곡물	gong-mul
grano (m) saraceno	메밀	me-mil
grassi (m pl)	지방	ji-bang
gusto (m)	맛	mat
hamburger (m)	햄버거	haem-beo-geo
insalata (f)	샐러드	sael-leo-deu
ippoglosso (m)	넙치	neop-chi
kiwi (m)	키위	ki-wi
lampone (m)	라즈베리	ra-jeu-be-ri
latte (m)	우유	u-yu
latte (m) condensato	연유	yeo-nyu
lattuga (f)	양상추	yang-sang-chu
lenticchie (f pl)	렌즈콩	ren-jeu-kong
limonata (f)	레모네이드	re-mo-ne-i-deu
limone (m)	레몬	re-mon
lingua (f)	혀	hyeo
liquore (m)	리큐르	ri-kyu-reu
liscia, non gassata	탄산 없는	tan-san neom-neun
lista (f) dei vini	와인 메뉴	wa-in me-nyu
luccio (m)	강꼬치고기	gang-kko-chi-go-gi
maiale (m)	돼지고기	dwae-ji-go-gi
maionese (m)	마요네즈	ma-yo-ne-jeu
mais (m)	옥수수	ok-su-su
mais (m)	옥수수	ok-su-su
mancia (f)	팁	tip
mandarino (m)	귤	gyul
mandorla (f)	아몬드	a-mon-deu
mango (m)	망고	mang-go
manzo (m)	소고기	so-go-gi
margarina (f)	마가린	ma-ga-rin
marmellata (f)	잼	jaem
marmellata (f)	잼	jaem
marmellata (f) di agrumi	마멀레이드	ma-meol-le-i-deu
mela (f)	사과	sa-gwa
melagrana (f)	석류	seong-nyu
melanzana (f)	가지	ga-ji
melone (m)	멜론	mel-lon
menù (m)	메뉴판	me-nyu-pan
merluzzo (m)	대구	dae-gu
miele (m)	꿀	kkul
miglio (m)	수수, 기장	su-su, gi-jang
minestra (f)	수프	su-peu
mirtillo (m)	빌베리	bil-be-ri
mirtillo (m) di palude	크랜베리	keu-raen-be-ri
mirtillo (m) rosso	월귤나무	wol-gyul-la-mu
mora (f)	블랙베리	beul-laek-be-ri
nocciola (f)	개암	gae-am
noce (f)	호두	ho-du
noce (f) di cocco	코코넛	ko-ko-neot
oca (f)	거위고기	geo-wi-go-gi
olio (m) d'oliva	올리브유	ol-li-beu-yu

olio (m) di girasole	해바라기유	hae-ba-ra-gi-yu
olio (m) vegetale	식물유	sing-mu-ryu
olive (f pl)	올리브	ol-li-beu
ortaggi (m pl)	채소	chae-so
orzo (m)	보리	bo-ri
ostrica (f)	굴	gul
ovolaccio (m)	꽝대버섯	gwang-dae-beo-seot
pâté (m)	파테	pa-te
pancetta (f)	베이컨	be-i-keon
pane (m)	빵	ppang
panino (m)	샌드위치	saen-deu-wi-chi
panna (f)	크림	keu-rim
panna (f) acida	사워크림	sa-wo-keu-rim
papaia (f)	파파야	pa-pa-ya
paprica (f)	파프리카	pa-peu-ri-ka
pasta (f)	파스타	pa-seu-ta
pasticceria (f)	과자류	gwa-ja-ryu
patata (f)	감자	gam-ja
pepe (m) nero	후추	hu-chu
peperoncino (m)	고춧가루	go-chut-ga-ru
peperone (m)	피망	pi-mang
pera (f)	배	bae
perca (f)	농어의 일종	nong-eo-ui il-jong
pesca (f)	복숭아	bok-sung-a
pesce (m)	생선	saeng-seon
pesce (m) gatto	메기	me-gi
pezzo (m)	조각	jo-gak
piattino (m)	받침 접시	bat-chim jeop-si
piatto (m)	요리, 코스	yo-ri, ko-seu
piatto (m)	접시	jeop-si
pisello (m)	완두	wan-du
pistacchi (m pl)	피스타치오	pi-seu-ta-chi-o
pizza (f)	피자	pi-ja
pollo (m)	닭고기	dak-go-gi
pomodoro (m)	토마토	to-ma-to
pompelmo (m)	자몽	ja-mong
porcinello (m)	거친껄껄이그물버섯	geo-chin-kkeol-kkeo-ri-geu-mul-beo-seot
porridge (m)	죽	juk
porzione (f)	분량	bul-lyang
pranzo (m)	점심식사	jeom-sim-sik-sa
prezzemolo (m)	파슬리	pa-seul-li
prosciutto (m)	햄	haem
prosciutto (m) affumicato	개먼	gae-meon
proteine (f pl)	단백질	dan-baek-jil
prugna (f)	자두	ja-du
pub (m), bar (m)	바	ba
purè (m) di patate	으깬 감자	eu-kkaen gam-ja
rapa (f)	순무	sun-mu
ravanello (m)	무	mu
retrogusto (m)	뒷 맛	dwit mat
ribes (m) nero	블랙커렌트	beul-laek-keo-ren-teu

ribes (m) rosso	레드커런트	re-deu-keo-ren-teu
ricetta (f)	요리법	yo-ri-beop
ripieno (m)	속	sok
riso (m)	쌀	ssal
rossola (f)	무당버섯	mu-dang-beo-seot
rum (m)	럼	reom
salame (m)	소시지	so-si-ji
salato	짠	jjan
sale (m)	소금	so-geum
salmone (m)	연어	yeon-eo
salmone (m)	대서양 연어	dae-seo-yang yeon-eo
salsa (f)	소스	so-seu
sardina (f)	정어리	jeong-eo-ri
scombro (m)	고등어	go-deung-eo
secco	말린	mal-lin
sedano (m)	셀러리	sel-leo-ri
segale (f)	호밀	ho-mil
senape (f)	겨자	gyeo-ja
sesamo (m)	깨	kkae
sogliola (f)	넙치	neop-chi
soia (f)	콩	kong
sottoaceto	초절인	cho-jeo-rin
spaghetti (m pl)	스파게티	seu-pa-ge-ti
spezie (f pl)	향료	hyang-nyo
spiga (f)	이삭	i-sak
spinaci (m pl)	시금치	si-geum-chi
spremuta (f)	생과일주스	saeng-gwa-il-ju-seu
spugnola (f)	곰보버섯	gom-bo-beo-seot
squalo (m)	상어	sang-eo
storione (m)	철갑상어	cheol-gap-sang-eo
stuzzicadenti (m)	이쑤시개	i-ssu-si-gae
succo (m)	주스	ju-seu
succo (m) d'arancia	오렌지 주스	o-ren-ji ju-seu
succo (m) di pomodoro	토마토 주스	to-ma-to ju-seu
tè (m)	차	cha
tè (m) nero	홍차	hong-cha
tè (m) verde	녹차	nok-cha
tacchino (m)	칠면조고기	chil-myeon-jo-go-gi
tagliatelle (f pl)	면	myeon
tazza (f)	컵	keop
tonno (m)	참치	cham-chi
torta (f)	케이크	ke-i-keu
tortina (f)	케이크	ke-i-keu
trota (f)	송어	song-eo
tuorlo (m)	노른자	no-reun-ja
uova (f pl)	계란	gye-ran
uova (f pl) al tegamino	계란후라이	gye-ran-hu-ra-i
uovo (m)	계란	gye-ran
uva (f)	포도	po-do
uva (f) spina	구스베리	gu-seu-be-ri
uvetta (f)	건포도	geon-po-do
vegetariano	채식주의의	chae-sik-ju-ui-ui

vegetariano (m)	채식주의자	chae-sik-ju-ui-ja
verdura (f)	녹황색 채소	nok-wang-saek chae-so
vermouth (m)	베르무트	be-reu-mu-teu
vino (m)	와인	wa-in
vino (m) bianco	백 포도주	baek po-do-ju
vino (m) rosso	레드 와인	re-deu wa-in
vitamina (f)	비타민	bi-ta-min
vitello (m)	송아지 고기	song-a-ji go-gi
vodka (f)	보드카	bo-deu-ka
würstel (m)	비엔나 소시지	bi-en-na so-si-ji
wafer (m)	와플	wa-peul
whisky	위스키	wi-seu-ki
yogurt (m)	요구르트	yo-gu-reu-teu
zafferano (m)	사프란	sa-peu-ran
zenzero (m)	생강	saeng-gang
zucca (f)	호박	ho-bak
zucchero (m)	설탕	seol-tang
zucchina (f)	애호박	ae-ho-bak

Coreano-Italiano dizionario gastronomico

아보카도	a-bo-ka-do	avocado (m)
아침식사	a-chim-sik-sa	colazione (f)
아이스크림	a-i-seu-keu-rim	gelato (m)
아몬드	a-mon-deu	mandorla (f)
아니스	a-ni-seu	anice (m)
아페리티프	a-pe-ri-ti-peu	aperitivo (m)
아스파라거스	a-seu-pa-ra-geo-seu	asparago (m)
아티초크	a-ti-cho-keu	carciofo (m)
애호박	ae-ho-bak	zucchina (f)
애피타이저	ae-pi-ta-i-jeo	antipasto (m)
알광대버섯	al-gwang-dae-beo-seot	fungo (m) moscario
바	ba	pub (m), bar (m)
바질	ba-jil	basilico (m)
바나나	ba-na-na	banana (f)
바텐더	ba-ten-deo	barista (m)
배	bae	pera (f)
백 포도주	baek po-do-ju	vino (m) bianco
뱀장어	baem-jang-eo	anguilla (f)
방울다다기 양배추	bang-ul-da-da-gi yang-bae-chu	cavoletti (m pl) di Bruxelles
받침 접시	bat-chim jeop-si	piattino (m)
베이컨	be-i-keon	pancetta (f)
베르무트	be-reu-mu-teu	vermouth (m)
버섯	beo-seot	fungo (m)
버터	beo-teo	burro (m)
버터크림	beo-teo-keu-rim	crema (f)
브로콜리	beu-ro-kol-li	broccolo (m)
블랙 커피	beul-laek keo-pi	caffè (m) nero
블랙베리	beul-laek-be-ri	mora (f)
블랙커런트	beul-laek-keo-ren-teu	ribes (m) nero
비엔나 소시지	bi-en-na so-si-ji	würstel (m)
비프스테이크	bi-peu-seu-te-i-keu	bistecca (f)
비타민	bi-ta-min	vitamina (f)
비트	bi-teu	barbabietola (f)
빌베리	bil-be-ri	mirtillo (m)
보드카	bo-deu-ka	vodka (f)
보리	bo-ri	orzo (m)
복숭아	bok-sung-a	pesca (f)
부스러기	bu-seu-reo-gi	briciola (f)
분량	bul-lyang	porzione (f)
병따개	byeong-tta-gae	apribottiglie (m)
차	cha	tè (m)
차가운	cha-ga-un	freddo
채식주의자	chae-sik-ju-ui-ja	vegetariano (m)

채식주의의	chae-sik-ju-ui-ui	vegetariano
채소	chae-so	ortaggi (m pl)
참치	cham-chi	tonno (m)
철갑상어	cheol-gap-sang-eo	storione (m)
청어	cheong-eo	aringa (f)
청량 음료	cheong-nyang eum-nyo	bibita (f)
청량음료	cheong-nyang-eum-nyo	bevanda (f) analcolica
치즈	chi-jeu	formaggio (m)
칠면조고기	chil-myeon-jo-go-gi	tacchino (m)
초절인	cho-jeo-rin	sottoaceto
초콜릿의	cho-kol-lis-ui	al cioccolato
초콜릿	cho-kol-lit	cioccolato (m)
다이어트	da-i-eo-teu	dieta (f)
다진 고기	da-jin go-gi	carne (f) trita
대추야자	dae-chu-ya-ja	dattero (m)
대구	dae-gu	merluzzo (m)
대하	dae-ha	aragosta (f)
대서양 연어	dae-seo-yang yeon-eo	salmone (m)
닭고기	dak-go-gi	pollo (m)
단	dan	dolce
단백질	dan-baek-jil	proteine (f pl)
당근	dang-geun	carota (f)
등색껄껄이그물버섯	deung-saek-kkeol-kkeo-ri-geu-mul-beo-seot	boleto (m) rufo
디저트	di-jeo-teu	dolce (m)
딜	dil	aneto (m)
도미류	do-mi-ryu	abramide (f)
독버섯	dok-beo-seot	fungo (m) velenoso
돼지고기	dwae-ji-go-gi	maiale (m)
뒷 맛	dwit mat	retrogusto (m)
얼음을 넣은	eo-reu-meul leo-eun	con ghiaccio
얼음	eo-reum	ghiaccio (m)
얼린	eol-lin	congelato
으깬 감자	eu-kkaen gam-ja	purè (m) di patate
음료수	eum-nyo-su	acqua (f) potabile
음식	eum-sik	cibo (m)
가지	ga-ji	melanzana (f)
개암	gae-am	nocciola (f)
개먼	gae-meon	prosciutto (m) affumicato
감자	gam-ja	patata (f)
간	gan	fegato (m)
강꼬치고기	gang-kko-chi-go-gi	luccio (m)
강낭콩	gang-nang-kong	fagiolo (m)
게	ge	granchio (m)
거친껄껄이그물버섯	geo-chin-kkeol-kkeo-ri-geu-mul-beo-seot	porcinello (m)
거위고기	geo-wi-go-gi	oca (f)
건포도	geon-po-do	uvetta (f)
고추냉이	go-chu-naeng-i	cren (m)
고춧가루	go-chut-ga-ru	peperoncino (m)
고등어	go-deung-eo	scombro (m)
고기	go-gi	carne (f)

고수	go-su	coriandolo (m)
곰보버섯	gom-bo-beo-seot	spugnola (f)
곡물	gong-mul	cereali (m pl)
곡물	gong-mul	grano (m)
곡류	gong-nyu	cereali (m pl)
구스베리	gu-seu-be-ri	uva (f) spina
굴	gul	ostrica (f)
과일	gwa-il	frutto (m)
과자류	gwa-ja-ryu	pasticceria (f)
광대버섯	gwang-dae-beo-seot	ovolaccio (m)
귀리	gwi-ri	avena (f)
계피	gye-pi	cannella (f)
계란	gye-ran	uovo (m)
계란	gye-ran	uova (f pl)
계란후라이	gye-ran-hu-ra-i	uova (f pl) al tegamino
계산서	gye-san-seo	conto (m)
겨자	gyeo-ja	senape (f)
귤	gyul	mandarino (m)
해바라기유	hae-ba-ra-gi-yu	olio (m) di girasole
해물	hae-mul	frutti (m pl) di mare
햄	haem	prosciutto (m)
햄버거	haem-beo-geo	hamburger (m)
흑맥주	heung-maek-ju	birra (f) scura
호박	ho-bak	zucca (f)
호두	ho-du	noce (f)
호밀	ho-mil	segale (f)
홍차	hong-cha	tè (m) nero
후추	hu-chu	pepe (m) nero
흰자	huin-ja	albume (m)
훈제된	hun-je-doen	affumicato
향료	hyang-nyo	spezie (f pl)
혀	hyeo	lingua (f)
이삭	i-sak	spiga (f)
이쑤시개	i-ssu-si-gae	stuzzicadenti (m)
인스턴트 커피	in-seu-teon-teu keo-pi	caffè (m) solubile
잉어	ing-eo	carpa (f)
자두	ja-du	prugna (f)
자몽	ja-mong	pompelmo (m)
잼	jaem	marmellata (f)
잼	jaem	marmellata (f)
장과	jang-gwa	bacca (f)
장과류	jang-gwa-ryu	bacche (f pl)
저녁식사	jeo-nyeok-sik-sa	cena (f)
점심식사	jeom-sim-sik-sa	pranzo (m)
정어리	jeong-eo-ri	sardina (f)
정향	jeong-hyang	chiodi (m pl) di garofano
접시	jeop-si	piatto (m)
지방	ji-bang	grassi (m pl)
진	jin	gin (m)
짠	jjan	salato
조각	jo-gak	fetta (f), fettina (f)
조각	jo-gak	pezzo (m)

주스	ju-seu	succo (m)
죽	juk	porridge (m)
카푸치노	ka-pu-chi-no	cappuccino (m)
캐비어	kae-bi-eo	caviale (m)
캐러웨이	kae-reo-we-i	cumino, comino (m)
칵테일	kak-te-il	cocktail (m)
칼로리	kal-lo-ri	caloria (f)
케이크	ke-i-keu	tortina (f)
케이크	ke-i-keu	torta (f)
커피	keo-pi	caffè (m)
컬리플라워	keol-li-peul-la-wo	cavolfiore (m)
컵	keop	tazza (f)
크랜베리	keu-raen-be-ri	mirtillo (m) di palude
크림	keu-rim	panna (f)
키위	ki-wi	kiwi (m)
깨	kkae	sesamo (m)
깡통 따개	kkang-tong tta-gae	apriscatole (m)
껌	kkeom	gomma (f) da masticare
껍질	kkeop-jil	buccia (f)
꿀	kkul	miele (m)
코코넛	ko-ko-neot	noce (f) di cocco
코냑	ko-nyak	cognac (m)
코르크 마개 뽑이	ko-reu-keu ma-gae ppo-bi	cavatappi (m)
콘플레이크	kon-peul-le-i-keu	fiocchi (m pl) di mais
콩	kong	fave (f pl)
콩	kong	soia (f)
쿠키	ku-ki	biscotti (m pl)
마가린	ma-ga-rin	margarina (f)
마멀레이드	ma-meol-le-i-deu	marmellata (f) di agrumi
마늘	ma-neul	aglio (m)
마요네즈	ma-yo-ne-jeu	maionese (m)
맥주	maek-ju	birra (f)
말린	mal-lin	secco
맛있는	man-nin-neun	buono, gustoso
맛있게 드십시오!	man-nit-ge deu-sip-si-o!	Buon appetito!
망고	mang-go	mango (m)
맛	mat	gusto (m)
메기	me-gi	pesce (m) gatto
메밀	me-mil	grano (m) saraceno
메뉴판	me-nyu-pan	menù
멜론	mel-lon	melone (m)
미네랄 워터	mi-ne-ral rwo-teo	acqua (f) minerale
밀	mil	frumento (m)
밀가루	mil-ga-ru	farina (f)
밀크 커피	mil-keu keo-pi	caffè latte (m)
밀크 셰이크	mil-keu sye-i-keu	frullato (m)
무	mu	ravanello (m)
무알코올의	mu-al-ko-o-rui	analcolico
무당버섯	mu-dang-beo-seot	rossola (f)
무화과	mu-hwa-gwa	fico (m)
물	mul	acqua (f)
면	myeon	tagliatelle (f pl)

나이프	na-i-peu	coltello (m)
넙치	neop-chi	ippoglosso (m)
넙치	neop-chi	sogliola (f)
노른자	no-reun-ja	tuorlo (m)
녹차	nok-cha	tè (m) verde
녹황색 채소	nok-wang-saek chae-so	verdura (f)
농어의 일종	nong-eo-ui il-jong	perca (f)
오이	o-i	cetriolo (m)
오징어	o-jing-eo	calamaro (m)
오믈렛	o-meul-let	frittata (f)
오렌지	o-ren-ji	arancia (f)
오렌지 주스	o-ren-ji ju-seu	succo (m) d'arancia
오리고기	o-ri-go-gi	anatra (f)
옥수수	ok-su-su	mais (m)
옥수수	ok-su-su	mais (m)
올리브	ol-li-beu	olive (f pl)
올리브유	ol-li-beu-yu	olio (m) d'oliva
파이	pa-i	crostata (f)
파인애플	pa-in-ae-peul	ananas (m)
파파야	pa-pa-ya	papaia (f)
파프리카	pa-peu-ri-ka	paprica (f)
파스타	pa-seu-ta	pasta (f)
파슬리	pa-seul-li	prezzemolo (m)
파테	pa-te	pâté (m)
피자	pi-ja	pizza (f)
피망	pi-mang	peperone (m)
피스타치오	pi-seu-ta-chi-o	pistacchi (m pl)
포도	po-do	uva (f)
포크	po-keu	forchetta (f)
빵	ppang	pane (m)
라거	ra-geo	birra (f) chiara
라즈베리	ra-jeu-be-ri	lampone (m)
레드 와인	re-deu wa-in	vino (m) rosso
레드커렌트	re-deu-keo-ren-teu	ribes (m) rosso
레모네이드	re-mo-ne-i-deu	limonata (f)
레몬	re-mon	limone (m)
렌즈콩	ren-jeu-kong	lenticchie (f pl)
럼	reom	rum (m)
리큐르	ri-kyu-reu	liquore (m)
사과	sa-gwa	mela (f)
사이드 메뉴	sa-i-deu me-nyu	contorno (m)
사냥감	sa-nyang-gam	cacciagione (f)
사프란	sa-peu-ran	zafferano (m)
사탕	sa-tang	caramella (f)
사워크림	sa-wo-keu-rim	panna (f) acida
새우	sae-u	gamberetto (m)
샐러드	sael-leo-deu	insalata (f)
샌드위치	saen-deu-wi-chi	panino (m)
생강	saeng-gang	zenzero (m)
생과일주스	saeng-gwa-il-ju-seu	spremuta (f)
생선	saeng-seon	pesce (m)
살구	sal-gu	albicocca (f)

살구버섯	sal-gu-beo-seot	gallinaccio (m)
삶은	sal-meun	bollito
상어	sang-eo	squalo (m)
셀러리	sel-leo-ri	sedano (m)
설탕	seol-tang	zucchero (m)
석류	seong-nyu	melagrana (f)
스파게티	seu-pa-ge-ti	spaghetti (m pl)
시금치	si-geum-chi	spinaci (m pl)
식욕	si-gyok	appetito (m)
식용 버섯	si-gyong beo-seot	fungo (m) commestibile
신양	si-nyang	amarena (f)
식초	sik-cho	aceto (m)
식물유	sing-mu-ryu	olio (m) vegetale
소금	so-geum	sale (m)
소고기	so-go-gi	manzo (m)
소스	so-seu	salsa (f)
소시지	so-si-ji	salame (m)
속	sok	ripieno (m)
송아지 고기	song-a-ji go-gi	vitello (m)
송어	song-eo	trota (f)
쌀	ssal	riso (m)
쓴	sseun	amaro
수박	su-bak	anguria (f)
수프	su-peu	minestra (f)
수수, 기장	su-su, gi-jang	miglio (m)
술	sul	bevande (f pl) alcoliche
순무	sun-mu	rapa (f)
숟가락	sut-ga-rak	cucchiaio (m)
숟가락	sut-ga-rak	cucchiaio (m)
샴페인	syam-pe-in	champagne (m)
탄산의	tan-sa-nui	gassata
탄산 없는	tan-san neom-neun	liscia, non gassata
탄산이 든	tan-san-i deun	frizzante
탄수화물	tan-su-hwa-mul	carboidrati (m pl)
티스푼	ti-seu-pun	cucchiaino (m) da tè
팁	tip	mancia (f)
토끼고기	to-kki-go-gi	coniglio (m)
토마토	to-ma-to	pomodoro (m)
토마토 주스	to-ma-to ju-seu	succo (m) di pomodoro
통조림	tong-jo-rim	cibi (m pl) in scatola
딸기	ttal-gi	fragola (f)
땅콩	ttang-kong	arachide (f)
뜨거운	tteu-geo-un	caldo
튀긴	twi-gin	fritto
우유	u-yu	latte (m)
와인	wa-in	vino (m)
와인 메뉴	wa-in me-nyu	lista (f) dei vini
와인글라스	wa-in-geul-la-seu	calice (m)
와플	wa-peul	wafer (m)
완두	wan-du	pisello (m)
웨이터	we-i-teo	cameriere (m)
웨이트리스	we-i-teu-ri-seu	cameriera (f)

위스키	wi-seu-ki	whisky
월계수잎	wol-gye-su-ip	alloro (m)
월귤나무	wol-gyul-la-mu	mirtillo (m) rosso
야생딸기	ya-saeng-ttal-gi	fragola (f) di bosco
양배추	yang-bae-chu	cavolo (m)
양벚나무	yang-beon-na-mu	ciliegia (f)
양고기	yang-go-gi	agnello (m)
양념	yang-nyeom	condimento (m)
양파	yang-pa	cipolla (f)
양상추	yang-sang-chu	lattuga (f)
연유	yeo-nyu	latte (m) condensato
연어	yeon-eo	salmone (m)
요구르트	yo-gu-reu-teu	yogurt (m)
요리	yo-ri	cucina (f)
요리, 코스	yo-ri, ko-seu	piatto (m)
요리법	yo-ri-beop	ricetta (f)
유리잔	yu-ri-jan	bicchiere (m)
육수	yuk-su	brodo (m)